Spread your wings and fly

Spread your wings and fly

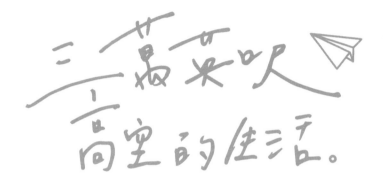

一名空姐的流水帳日記

空服員絕對不是機艙內的服務生

認識 Zoe 的原因很詭異，因為有天她告訴我，公司主管一直「關心」她和一群「網美空服員」，理由是「網美們穿著制服拍照並上傳網路，可能有損公司形象」。我甚感訝異，畢竟國內外航空公司商請自家空服員拍攝形象宣傳廣告，實乃家常便飯，現在竟因空服員「私人時間穿制服拍照上網」，公司竟然「熱烈關懷」起大家。這次法律事件的討論，讓我們開啟了友誼。

上述「主管關懷制服拍照」事件，促使了 Zoe 離職的決心。令人振奮的是，她告訴我，打算寫一本關於自己空服員職場生涯的書，藉此完整紀錄、分享自己任職期間遭遇的大小好事、鳥事及感想，也可以幫助一般民眾更加瞭解「空服員」這份工作的真實面。

是的！「空服員」絕對不是機艙內的服務生！事實上，這份工作需要付出「高度專注力」去執行諸多專業細節。在每位空服員的職場生涯中，固然都有雲遊四海、環遊世界的美好記憶，但往往有更多必須獨力辛苦完成的按部就班、不少得咬緊牙根自己吞的辛酸故事，甚至偶爾還必須身兼起「乘客褓母」。

在這本書中，Zoe 行文輕盈俐落，沒有刻意浮誇煽情的詞藻，而是忠實描述呈現空服員職場生活中的各種情境，藉以引領讀者們一同深入探索這個「許多年輕帥哥美女都心怡嚮往的職業」。

細讀書裡的每個篇章、段落，處處可見 Zoe 詳實記錄大小事件的記憶功力，有美好回憶，有深情感恩，也有針砭期許。在每則故事之後，更有她自己理性沉靜的反思，以及本於正義感的肺腑之言。

Zoe 告訴我，太多她敬重、深愛的同事們，此時此刻仍在大家熱愛的職場，每天辛苦敬業地付出，默默認真守護著將信任託付給航空公司的旅客們。她由衷期待這本書的問世，可以為好友同事們勉勵打氣，並為將來空服員職場勞動環境的改善、民眾正確觀念的健全，多少能貢獻棉薄之力。

在 2016 年 6 月間，「桃園市空服員職業工會」發起的罷工活動中，我有幸以顧問律師的角色參與其中。在這場外界美稱「史上最高顏值罷工」的過程中，我們看見了工會、每位空服員朋友期勉「公司繼續進步發展，並更友善基層員工」的宏願。如今我深信，透過 Zoe 這本書的視野，每位聰明的讀者，不論先前是否關注過這場罷工，在閱讀完本書後，都將能更理解、認同工會及空服員們的訴求。

這本書讓我們清楚看見，Zoe 對於空服員工作的熱愛，以及她希望公司變得更好的殷殷期盼。因此，在本書的最後，她也特別再以「過來人」身份，貼心地為立志成為空服員的讀者朋友們，條理分明地撰寫了「甄選小叮嚀」。

這本書不僅能帶給讀者們遨翔天際的喜悅，更將大幅增進我們對於空服員工作專業面向的瞭解。尤其，透過本書的大小故事，Zoe 更與我們互勉：不論身處什麼行業，或從事什麼樣的工作，我們都可以知足樂活於當下，學習在逆境中力爭上游，懂得在順境中知所感恩！

律師 吳俊達

遨遊天際的那些日子

從來沒想過有一天，我真的完成了一本屬於自己的書。

一直以來出版社邀約很多，但我對於很多商業合作的規定覺得不是這麼認同，最後終於被瑞祐姐、小淵姐說服，很感謝她們給我非常大的自由度，讓我可以盡情發揮。

真正著手開始寫書以後才發現，寫書果然跟生孩子一樣（雖然我沒生過孩子）記得我完成了五萬多字交稿的那一刻，彷彿跑完全馬到終點線，好像看到我以前的作文老師在終點微笑這樣。寫作的過程中花費了好幾個月，這其中每一次寫作的同時，都在為我過去走過的青春紀念，回頭看看我的飛行生涯酸甜苦辣還真的一點都沒少過。寫書的過程中外務很多不免怠惰，除了非常認真催稿的責任編輯以外還要特別感謝我的家人跟我身邊的好朋友們，時不時督促我

寫書的進度，另外特別感謝律師朋友，在百忙之中還要看我書的初稿，以免觸及太敏感的部份，我們都希望台灣的勞工不管在哪個領域，都可以有更好的勞動環境，每一個勞工都應該要過著快樂的生活，而不是過得下去，但是咬著牙過得很痛苦的日子。

這本書裡面沒有空姐的粉紅泡泡，只有我最真誠、最真實想傳達給大家的想法，看完這本書你們也算是參與了我的空服生涯了，最後也感謝那個讓我遨遊天際，給我的生命許多養份的航空公司，即便不是全部都是美好的，也讓我認識了非常多很棒的朋友，走過世界非常多絢爛的角落。

對我一個這麼水瓶座的女生而言，限制和框架是最可怕的事，我的斜槓人生從空服員、樂團主唱、部落客、演員、外景主持人、作家一直到廣播電台主持人，想對那些現在對於工作覺得食之無味、棄之可惜，覺得走出舒適圈很恐怖的你一點信心喊話，只要你願意努力真的沒什麼事情做不到的，希望所有看過這本書的所有人都可以獲得我的祝福。

Zoe 王小凡

2019.03.07

Contents.

Chapter 3
機艙外的大小事 /

Postscript
後記 /

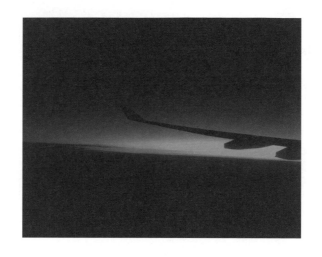

飛行以前與落地以後
Chapter 1

為何我會當空服員？為何我會離開？

「好，我要當記者！」

「當電影導演也不錯！」

「一起去考空服員吧？」

「我決定看看更寬廣的世界。」

原本篤定目標要考新聞研究所的我，

最後誤打誤撞成了一名空服員，

這幾年的空服員生涯，帶給我什麼樣的啟發？

起飛以前，我在哪裡？

想拿筆和相機的自己，最後飛上了天

我想過未來要當個不同市場導向靠攏的記者，殊不知天不從人願，老天爺都安排好了啊！

小時候大家都寫過這篇作文題目：我的志願。

早就忘記小學時代寫了些什麼。依我這種天馬行空的水瓶星人，寫的大概就是太空人、消防隊員什麼的，後來就這樣一路被時間追著長大了。

當年的我，其實想當名記者

記得大學時期，我就跟所有大學生一樣，每天跟幾個室友騎車到學校上課，最喜歡去學校後門的早餐店。那時候常去一家由一對老夫

妻經營的早餐店，老闆和老闆娘對我們都很好，總是笑笑的對待我們這些學生。每天到早餐店報到，點一盤中式義大利麵加起士，一定要加他們的特製辣椒醬，這樣就是大學時代的小確幸了，我到現在還記得那個辣椒的味道和口感。

每天每天，我們幾個人就在後門的早餐店，聊著要拍些什麼、聊著劇本創作、聊著哪時候要選角，哪個學妹適合當我們的演員、聊著男友的壞話，或是誰的男友又怎樣怎樣了，同學打電話來說老師要點名了，我們再奔回教室（看到這希望老師不要生氣，哈哈哈哈哈！）這就是我的少女時代，老實說有點廢，但是我一點都不後悔。我的大學時期是玩得最瘋，但卻又是得到最多思辨能力的時期，我的大學校風非常開放，尤其是我所在的廣電系，學生時期的我很愛電影，夢想過要當電影導演，也想過到印度拍紀錄片。後來很幸運的遇到幾個很棒的教授，讓我注意到弱勢團體的媒體議題，大四的那年想著一個渺小的我到底能對這個社會做些什麼？也許是一邊被畢業這件事逼著，應該要思考未來了，所以我決定去考研究所。

跟幾個同學報名了研究所的補習班，很幸運的遇到了一位傳播名師，讓我對傳播理論和左派思想有濃厚的興趣，大四時我們一群人突然變得很愛唸書。個性使然，我對很多不公不義的事很有感觸，因此當時想過未來要當個不向市場導向靠攏的記者，殊不知天不從人願，老天爺都安排好了啊！其中一所學校考試的當天不知道為何我手機突然鬧鐘大響……想當然爾，總成績被扣了很重的分數，完

全是萬磁王的獵奇事件之一啊！因為考試當下我手機都關機了，想說萬無一失，但是不知道為何那個時間鬧鐘卻響了！重點是我根本沒設定鬧鐘啊！當然這間學校就掰掰囉！成績出來以後，果然就差被扣的那些分數，不然就穩上了啊。

後來又考了一所我最想上的新聞所，很幸運的第一關筆試過了，剩下面試，和人面對面談話對我而言，比筆試容易多了。我還特別去那所學校後山拜拜，抽了一支頭籤，覺得應該是很穩了，畢竟第一關筆試刷掉的是千人，最後面試只要比一半的人好就可以了。最後成績出來，差了 0.016 分！我是一個記性很不好的人，這個 0.016 的數字我到現在都記得，最後也只好接受這個事實，轉念一想可能老天爺準備了另一條路讓我走。

因緣際會，成為一名空服員

記得大四的最後，在學校還有幾堂不太重要的選修課，當我正思考到底畢業要幹什麼的時候，跟一個外系同學聊天，她提及要去考空服員，當時我就跟所有人一樣，對這個工作的認識不深，好傻、好天真覺得空服員好像很不錯，可以環遊世界這樣，我就說：「好啊！那我也要一起報名。」

幾年後的今天，坐在這裡寫書，老實說小時候從來沒想過未來我的職業會是一個空服員，因為我的個性好惡很分明，並不是那種很溫柔很會掩飾自己感受的人，沒想到一飛就飛了這麼多年，在這片天

空我學到了非常非常多東西，有形的和無形的知識，包括在這個這麼多女生的小團體裡面的生存之道。

空服員算是我出社會以後的第一份工作，工作的前幾年，老實說不是很能適應這個文化，亞洲的航空公司正如大家的刻板印象，空服員的外表、身材好像比專業能力還要重要；資深、資淺的「姐姐我來」文化；以客為尊、服務至上導致無限上綱的服務業文化⋯⋯初期我不太能適應，最後也被這個環境同化了，慶幸自己的思辨能力還在，這些在飛機上發生的好、壞故事，都成為我生命的養份，接下來，就聽我一起分享我的空服員生涯遇到的那些人、事、物吧！

這個工作教會我的道理

從生活白癡到萬能空服員

以前年幼不懂事，很多與人相處的小細節也不會特別注意。但說真的，在航空業打滾了這幾個年頭後，出去外面遇到服務業的同業我都會加倍客氣。

小時候作文經常要寫「我的志願」，但我其實壓根沒想過要成為空服員，等到真正成為空服員以後，發現跟我進入這個職場前的想像有些許出入，但是如果時光倒流再讓我選一次，我還是一樣會選擇這個工作。

從守時開始，改變生活態度

因為空服員的工作，讓我比一般人更有機會出國，就算不能長時間待在國外，到處逛逛也夠能拓展我的眼界了，平常機票也比一般人

便宜很多，真正飛了幾年以後，發現所謂「讀萬卷書不如行萬里路」確實是真理，因為我在旅行中學會了好多好多道理。

以前我並不是一個獨立的女生，應該是說我個性獨立，但生活細節上我實在是很不在行，但因為我很幸運，從小到大幾乎周遭都有小天使、家人、好友、男友都會幫我把所有事情打理好，加上生性樂觀，認為不管遇到什麼困境，反正天也不會塌下來，在生活上我幾乎是非常安逸，可以說是一個生活白癡。記得大學和同學一起租房子，有天想下廚，瓦斯爐弄了老半天，打電話問同學：「瓦斯爐是不是壞了？」同學才說：「你是不是沒開瓦斯？」諸如此類的生活細節，在成為空服員以前我是完全不擅長的。

開始飛了以後，從地面受訓課程開始，是不容許遲到的，地面受訓只要遲到一天都有可能被退訓，這個工作讓我先了解到守時的觀念非常非常重要，每一個航班報到時間只要過了 1 分鐘就不用飛了，你就是遲到，遲到以後如果沒有及時趕到公司刷卡，就變成曠職，no show 3 次就直接被開除了。

記得我職業生涯裡唯一一次 no show 是一個曼谷班，早上 4：40 左右就要到公司報到了，組員接車時間大概 4：10 左右，通常要提早10 分鐘出現，所以大概 4 點就要完妝準備好等車去公司了，一般來說，這種太陽還沒升起就要起床化妝的大早班，前一天很少人睡得好，因為早起壓力超大，很怕睡過頭，前一天我打好如意算盤，吞

了褪黑激素以後晚上 9 點就洗洗睡了，為了不讓睡眠被打擾，我通常睡覺都會開飛航模式，結果隔天一起床神清氣爽，想說今天終於可以元氣滿滿去上班，看了時鐘才發現竟然已經 9 點半左右了！本來 4：40 報到的班啊！睡了這麼久難怪精神超好啊！從那次以後，早起的班根本就是我的夢魘，很多時候前一天根本沒有辦法真正入睡，頻頻起床看時間，深怕又睡過頭。

守時對這工作來說是第一準則，因為進入了這個職場，對於時間的掌控比以前進步很多，平常早上 6 點多要起飛的航班，機組員凌晨 3 點多就要報到了，好幾個太陽還沒升起的早晨，好幾個因為早起心理壓力大而失眠的夜晚，就算整夜睡不著，大早班也還是必須準時報到，在這個職業裡都是稀鬆平常的事。

獨立自強，學會自力更生

每一趟飛行遇到的組員們都不一樣，有時候在外站大家的生理時鐘不同步，有人過台灣時間，有人過當地時間，基本上遇到聊得來的好咖，在外站才會相約一起行動，也許一起去逛逛、吃飯什麼的。有時候沒有比較熟識的組員就要自己出門冒險，以前我是個完全不會看地圖的大路癡，出門基本上都是不帶腦，反正有人會導航，成為空服員以後，必須在人生地不熟的外站自力更生，看地圖找路是基本配備，甚至成為可以帶學弟妹出門的學姐。

還有很多以前在地面上覺得理所當然的事，都因為飛行讓我更加珍

惜自己所擁有的。例如：每到過年這種時節特別有感觸，以前覺得「不就是過年嗎？」但在飛行的時候，過年那段年假是管制期間，需要在三千多個組員裡抽籤決定你的順序以後，才能在那段時間選放假或是選班。我連續好幾個年，過年都不在台灣，都是在雪梨、夏威夷、紐約一個人過的，雖說遇到好咖大家會在外站相約吃年夜飯，大家也情同家人，但還是多少覺得有點淒涼，畢竟過年就是要跟家人一起啊！這時候才發現「每逢佳節倍思親」這種老掉牙的口號還真的是讓人感觸良多。要不就是生日一個人在外站吃著外站便當、聖誕節自己獨自一人在東京汐留看著聖誕燈飾，實在是孤單寂寞覺得冷啊！如果沒有成為空服員，這些對年少的我來說，都是理所當然的事，經過這幾年後我倍感珍惜，有時候我都會想，這是不是老天爺把每個人安排在不同的位置上要教給我們的課題。

因為工作，我更懂得感恩他人

以前年幼不懂事，加上我又是個神經極大條的女子，很多與人相處的小細節也不會特別注意。但說真的，在航空業打滾了這幾個年頭，出去外面遇到服務業的同業我都會加倍客氣，因為我真的懂他們的辛苦。餐廳或是商店內的服務生跟我打招呼時，也許只是很制式的：您好、謝謝、再見，但我一定會給他們回應。因為我們在下機送客的時候，總會站在機門邊跟每一個旅客說：謝謝、再見！但其實70% 的台灣客人都把我們當做空氣或是沒聽到，也許是害羞，也許是不曉得該如何回應，但久了，我們真的感到辛酸啊。

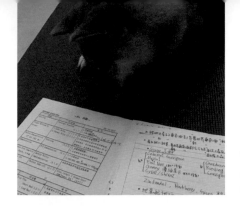

每年空服員都要回公司進行緊急逃生訓練和服務複訓，必須通過所有考試才能繼續飛行。

出了社會以後，覺得每個公司都可能存在著一些不公平、不正義的事，我還是非常感謝它以及空服員這個工作帶給我無形的收穫。至今我還是很喜歡這個工作。以前我們在飛機上遇到無理取鬧的客人，我們常會互開彼此玩笑，說到底我們是不是上輩子做了什麼壞事，這輩子要來還？還是說我們都有太多未完成的人生功課，老天爺透過這個職業讓我們學習、做功課？但其實我們都知道這是一個很有福報的工作，如果你也有機會加入空服員的行列，歡迎一起來航空業做功課。

#no show：一般指訂了房、訂了機位卻沒有到來，這裡指空服員沒有準時報到，也就是曠職。
#外站：公司有飛的地方，空服員短暫停留的海外國家、城市。

出發吧！一個女生自己去旅行

盡情享受孤獨帶來的喜悅

我做好萬全準備，連防狼噴霧都帶了。但到了當地我才發現，原來恐懼真的都是自己想像出來的，只要提高警覺，其實真的沒這麼可怕。

在當空服員以前其實我是個很不獨立的人，根本就是一枚生活白痴，自己一個人到不熟悉的國家旅行根本是天方夜譚。但我飛了一陣子以後，才發現原來自己一個人旅行其實是件很棒的事，不用配合其他人的作息和行程，想去哪就去哪，想幾點起床都可以，逛街也不用一直互等浪費很多時間，重點是自己旅行的時候是一種五感全開的狀態，對陌生城市的感受會強大更多倍。

勇敢踏出獨自旅行的第一步

以前我喜歡和一群朋友一起旅行,但自從第一次自己勇敢踏出國門以後才發現自己旅行獲得的東西和跟一群人一起出門是完全不一樣的,可能也因為空服員的工作,已經很習慣自己在外站探索了,因為每一班一起飛的組員都不同,遇到認識的朋友機會不多,不知不覺也就養成了自己在國外求生的能力。兩種方式我都喜歡,但我很鼓勵女生一生中至少一定要一個人獨自旅行冒險一次。

我的第一趟自己一個人的旅行從柬埔寨開始,我個人非常喜歡王家衛的電影《2046》,裡面有一個梁朝偉埋藏祕密的洞就在柬埔寨,為了《2046》,我帶著蔣勳的《吳哥之美》踏上了一個人的旅程,出發前大家都擔心我的人身安全,於是我做好萬全準備,連防狼噴霧都帶了。但到了當地我才發現,原來恐懼真的都是自己想像出來的,只要提高警覺,其實真的沒這麼可怕。在獨自旅行的過程中,我多了很多跟自己對話的時間,平常一直都在資訊爆炸的環境下,很難有時間跟自己獨處。另外,旅程中遇見的各種人、事、物都會激發很多新的想法,一個人旅行很容易認識新朋友,在他們身上可以學到很多不是自己同溫層的東西,遇到的都是來自不同文化和背景的人,也是一個很棒的練習溝通機會,視野會更廣闊,對事情的想法也會有所轉變,對我來說都是無價的紀念品。

當然旅行中並不總是都很愉快,也有遇到不開心的時候,我也在較落後的國家被騙過錢,但這是常有的事,我都覺得可能他們真的需

要這筆錢，就當作是佈施吧！這些過程都讓我學習到一件事情：隨遇而安。有時候讓自己迷路一下還可以從平凡中發現一些新鮮的小事，用這些小小的挑戰來累積自己面對未知數的應變能力，對我而言一個人去旅行也是讓心快速強壯起來的方式。

帶上紙筆，享受與自己對話

一個人旅行的過程中我會習慣帶本筆記本寫日記，一邊和自己對話、一邊思考，對我自己而言最大的收獲是學會信任，我覺得人性是善良的（例如：陌生人的便車、陌生人的食物）接受這些跟你毫無利益關係陌生人的幫助，因為他是真心的想為你做些什麼，我學會更懂得感恩珍惜，帶著這些養份，再回到自己的生活圈後會找到更多對生命的熱情。

其實一個人去旅行一點都不難，你可能以為自己做不到，其實你比你想像中強韌多了，可以從簡單的國家開始，我覺得日本就是一個女生獨自旅行的首選，文化相近性、良好的治安、對觀光客非常親切有禮，以及便利的交通系統，去各個景點遊玩都能輕鬆到達。

雖然我還是會跟朋友一起出國玩，但每隔一段時間還是會排一次自己一個人的旅行，現在甚至把獨自旅行當作一種享受，一種和自己對話的時間，其實大家不用害怕，只要你願意，什麼都可以克服的，加油！走出舒適圈勇敢踏上你的旅程吧！希望哪一天在陌生的國度也可以見到一個人旅行的你們。

打開空服員的行李箱

原則：愈輕愈好

- ☐ 一定要帶的錢包／護照
- ☐ 常備藥品（暈車藥、止痛藥、胃藥、止瀉藥等個人慣用的藥品也別忘了帶上，國外醫療不方便）
- ☐ 保險一定要買！！
- ☐ 好走的鞋子（還有拖鞋，有的民宿沒有提供拖鞋哦！）
- ☐ 盥洗包，我一定會帶自己的牙刷、牙膏。
- ☐ 自拍棒（一個人旅行超需要自拍棒啊！）
- ☐ 多功能擴充插頭、萬用插頭（有 USB 充電插頭更好，出國時飯店內時常插頭不夠用）
- ☐ 相機
- ☐ 行動電源（必須要隨身攜帶，不能放在托運行李中喔！）

- ☐ 墨鏡／口罩／帽子
- ☐ 方便的後背包
- ☐ 防狼噴霧（注意有些國家不行喔！如：香港）
- ☐ 薄外套，飛機上、餐廳或冷氣房、遮陽用
- ☐ 1 吋及 2 吋照片數張，我臨時辦理落地簽證或是證件遺失時，絕對幫得上忙，通常會和護照影本放在同一個夾鏈袋或是信封中，錢包裡也會放個 1 ～ 2 張。

安全，才是空服員的最高價值

我們並非只是在空中端盤子的人

衷心期望航空公司可以帶頭停止物化空服員，把重點放在空服員的專業和飛行安全，而不是空服員的高矮胖瘦。

飛了幾年以後，我經常在反思，究竟空服員這個職業真正的價值在哪裡？一般不是很了解我們工作內容的人，可能就認為空服員是個在空中端盤子的服務生而已。實際上這個工作的專業，並不是來自妝化得好，或是在空中有亂流還可以穩穩地端盤子不會打翻，而是當你搭上我的飛機，在空中形同孤島一般，若是不幸發生各種緊急狀況的時候，只有空服員每年所受的緊急訓練可以帶著你逃生，我一直認為這才是空服員工作的價值所在。

台灣社會，空服員形象大於飛安

除了飛安以外，亞洲的航空公司大多注重服務品質，這個我可以理解，畢竟消費者意識抬頭，市場競爭激烈，台灣又深受日式服務的影響，甚至有時候我覺得航空業好像有點本末倒置，我一直以為航空界首重應該是飛行安全，卻屢屢發生不能說的秘密，避重就輕。

另外，傳染疾病大流行時，空服員每天接觸非常非常多世界各地的旅客，在清理旅客用過餐盤的時候難免會接觸到口沫，這是我們早在進入這一行前，就知道一定會面對的狀況。當非常時期來臨，麻疹大流行，空服員集體建議希望可以在收用過的餐盤時候戴手套，但被以「影響乘客觀感」的理由拒絕。試想如果今天空服員徒手收了這個帶有疾病傳染源的餐盤，再接觸了下一位旅客，疾病便會像骨牌效應一樣擴散開來，等於是一個防疫破口，記得當時同事們為了手套的事抗爭了很久，最後還是不了了之。

戴不戴手套收餐這些看似跟一般旅客無關的事，實則息息相關，大家都有可能搭機出國，也沒人知道今天服務你的空服員前一天上班接觸了哪些其他國家的旅客，是不是一個行動傳染源？麻疹大流行的期間，我上班常在想，這一層薄薄的手套可以保護旅客，也可以保護組員和組員家人的健康，到底為什麼國內的航空公司會以影響社會觀感，來禁止員工保護自己以及保護乘客的健康？甚至有組員因為收垃圾戴手套這件事情被懲處。

被物化的價值觀與空服員服務

在工作中我常有一些疑問，就像我的粉絲頁曾經收過一封私訊，是一個無助的妹妹寄給我的。內容大致上是她考了空服員好幾次都沒有考上，後來報名了補習班，補習班除了收好幾萬學費以外，把她全身上下批評了一遍，最後對方竟然叫她去整型，這個妹妹問我：「我以為空服員要的是語言能力跟專業的服務，難道真的只是看外表嗎？」

收到這封私訊的時候，其實內心的衝擊很大，但必須說實話，空服員這個工作對外表的確有某種程度的要求，尤其在亞洲的航空公司和歐美航空公司注重的東西不一樣。亞洲航空公司除了服務以外，美姿美儀也是很大的重點。很遺憾，我們生存的環境就是這樣，記得在大學時期我還是個女性主義者呢！一開始進入這個職場的前幾年，我還是無法接受大部分的人對於空服員這個職業其實帶有物化的眼光。

就從最簡單的制服講起，記得國內某航空公司當時找來名家設計換了新制服，制服一公開當然引起所有媒體關注，但是這身制服的設計是極度貼身、高衩到可以看見絲襪褲頭，最後宣傳活動還打著性感的形象在街頭跳舞。我實在納悶，一個需要不斷走動、有時候還要幫客人搬行李、收餐送餐一直起立再蹲下的工作，這樣的空服員制服設計理念，竟然是開衩到大腿的性感形象？

我們更應在意的是什麼？

記得那時候粉絲頁收到小妹妹的私訊後，我想了 3 天才有辦法好好回覆她，因為身在這種連我自己都無法認同的價值觀環境之下，我無法說謊告訴她外表不重要，最後我回覆她的私訊是這樣子的：

HI! 我了解妳為了空服員這個工作已經盡了很大的心力，我也知道妳對未來的無助，不然不會貿然私訊我，對我而言，空服員這個工作的外表要求只要乾淨、順眼就好，我相信這些是認真鑽研化妝手法可以改善的。主要還是妳的人格特質必須獨立、能夠接受變數很大的生活方式、可以和不同組員 team work、喜歡和人互動，至於語言能力，基本的英文溝通一定要必備，如果你有其他多國語言當然是加分的，我知道妳的動機強烈，不然不會考了這麼多次還不放棄，最後還報名了補習班，我想就妳的精神，已經是贏其他人一半了，Good Luck 期待在天空遇見妳。

最後她成為我的同事，有一次剛好一起飛，她告訴我，她曾經私訊我的粉絲頁，因為她沒有放棄，終於達到目標。我也和她聊了一下，這個工作跟她想像中的是否有落差，然後我們相視苦笑，即使這個工作至今還是被物化，好像空服員美醜比她的專業知識還來得重要得多，我們還是衷心期望航空公司可以帶頭停止物化空服員，把重點放在空服員的專業和飛行安全，而不是空服員的高矮胖瘦或是戴了手套收餐會影響社會觀感這種無關緊要的事情上。

心靈上的自由，無價

永遠不要輸給昨天的自己

每個人人生追求的是不同的東西，對我而言，不只是薪水，更多的是自我實現。

最近身邊很多人離職，今早又看了一篇飛了 3 年就離職的妹妹寫的一篇文章，她寫到，當她確定要離職回學校繼續唸書後，有很多同事不時的提醒她，外面的世界很可怕。

我的人生還有很多事要做

一說到離職這件事，我周遭所有人都會說：「空姐這麼難考一堆人想要擠進去，一個月薪水 6、7 萬你幹嘛離職？」如果有人說要離職去唸書，就會有人回答：「拜託好不好，公司裡一堆碩、博士還有哈佛畢業的，也都跟你領一樣的薪水。」再來就會有人說：「就算你念完碩、博士出去找工作，也不一定可以找得到比現在更高薪的

工作。」然後跟你說外面的世界很可怕，這些我完全認同，但每個人人生追求的是不同的東西，對我而言，不只是薪水，更多的是自我實現。我很幸運，好像從沒來沒認真算過我一個月薪水到底多少錢，一來是因為，大多時候就是時候到了，戶頭就有錢了，不要亂花錢的話其實都還夠用。二來每個月飛時不同，薪水也不一樣，我們的薪水分好幾個戶頭，有美金還有台幣，我從來沒認真加總過。

我至今還是覺得空服員是一個很棒的工作，可以世界各地到處看看，每趟遇到不同的組員，就當交朋友也很有意思，就算遇到討厭的座艙長，或是討厭的奧客，其實下一次遇到他也不知道是哪時了。人們常說旅人一轉身就是一輩子，有時候在飛機上遇到的組員和客人也是一樣的，下一次遇到他們不曉得是什麼時候，這樣的工作性質有好有壞，就算遇到很棒的客人或是很聊得來的組員，其實大家一直飛來飛去，緣分很難長久維持。但這工作還有一個對我來說很棒的優點是平日放假！我實在很不喜歡假日人擠人，而且相對來說，它是一個大家公認很安逸的工作。

但有時候我會覺得，就因為它是一個太安逸的工作，讓我進步太緩慢，甚至沒有進步。主要是我自己的性格容易怠惰，在這領域裡面，我遇過很多厲害的人，我所定義的厲害，是指在這種安逸的環境下還可以克服惰性，持續增進自己能力的人。這種人我一直都很敬佩，因為你們要知道，大多數排班類型工作的人其實下班都很累，尤其是長班熬大夜飛回來，大多長班都凌晨 4、5 點落地。剛開始飛的時

候，我還可以補眠到中午，直接起床跟朋友約吃飯，到後期是不管什麼班，我不管睡多久整天都沒精神，長班回來就算睡個 3 天都還在累，時不時還會蕁麻疹發作。

我一直知道自己內心的聲音，我的人生還有很多事情要做，但因為這個工作還是有很多它的美好，加上對走出舒適圈的不安全感，所以我遲遲拖延，沒有離開這個美好的舒適圈，後來真正讓我下定決心要離開，是因為遇到幾個大家口中的壞人。我是一個很順流的人，剛開始遇到那些被打壓的事其實很生氣，覺得很不公平、很憤怒，但後來冷靜下來想想，其實這些人的出現也許就是生命的洪流推著我向前走的助力，其實他們算是我的貴人，沒有他們的出現，我不會開拓我人生的另一個階段。

昨日的前輩，今日的長官

政黨輪替以後，老闆自然是換人做，新老闆帶來完全不一樣的風氣，但老官僚文化依舊，接著空服員罷工後，只要空服員可以被抓到的小錯誤都會被放大，不過，相信出了社會的大家都了解社會上存在著些潛規則，以前那個很有人情味的地方，變得好不一樣。

記得以前一起在線上飛行的前輩，升官變成坐辦公室的管理階層，新官上任三把火，勢必要做出點業績給老闆看，空服員日常都會被用放大鏡檢視，只要犯了點小錯，都會受到嚴厲的處分，甚至鼓勵員工犯錯後，同時檢舉其他同仁來減輕自己的懲處。想想當時剛進

公司時,那個有愛的大家庭,只能說:「回不去了」。

前輩變成管理階層以後,好幾次我們在同一張會議桌上時,他沒有正眼看過空服員們。想當初我還寫了好多官方文章,拍了官方宣傳照片,希望可以透過我小小的社群影響力幫忙宣傳,最後卻因為同一件事被懲處。

我曾經很愛的大家庭,後來不只我,很多在網路上活躍的KOL(Key opinion leader,關鍵意見領袖)都陸續離開了。到了後期,我們真的都好害怕,下班後還會接到辦公室長官來訊,大致上是關心你今天的網路發文又哪邊不對了,即便便服照也是一樣的。記得我曾被截圖一張「露出制服一小角」的照片而被懲處,諷刺的是過幾天後,懲處我的長官自己的制服全身照卻在 IG 大肆放送。我一直記得那位長官還說:「部落客社會觀感很差,影響公司形象。」但我感到疑惑,公司同時招募內部的部落客為公司寫文章,而且我還是其中之一,若真如長官說的,那又何必成立官方部落格,並招募部落客寫文章呢?

踏出舒適圈一點都不可怕

出走幾個月以後,我一直在思考,走出舒適圈的這些日子裡自己的改變,除了很感謝當時身邊的人和家人的支持以外,更得出一個心得——我得到我要的自由,而自由是無價的。所謂的自由不是你任性想幹嘛就幹嘛,而是可以在無後顧之憂下,隨心所欲做自己想做

的事，過著自己想過的生活，重要的是，終於可以說自己想說的話。

我必須說，這個狀態不能說沒有壓力，甚至是壓力更大，以前當空服員的時候還真的沒壓力，每天穿上制服化好妝，按照 SOP 做著一樣的事。不管是客人只有個位數或是全滿的班機，對我們來說都無所謂，我安逸到連薪水都不會算，而現在我的壓力來自於我要想著我該如何繼續進步，不跟別人比，就是超越我自己。

這些日子裡，在各方面，包括心靈自由的狀態我很滿意，終於有時間去報名以前在飛的時候一直想學，但因為放假時間不固定而無法報名的課程。我不是在鼓勵大家任性出走，因為講自由之前，你需要很自律，而自律是我現在最大的功課。

最後我想跟大家說，每個人人生要的東西都不一樣，不管你在什麼樣的職場，在舒適圈裡沒什麼不好，就站在原地一直下去也很好，但如果你心中一直有一些念頭出現，然後你有了實際的計畫，當你準備好時，踏出舒適圈真的一點都不可怕，可怕的是你的惰性。我們永遠在跟自己比賽，期望自己扮演每一個角色時，都不愧對那個角色，永遠不要輸給昨天的自己。

感謝讀者，也感謝酸民

不管哪一份工作，都該被尊重

常聽到有人說：「空姐就無腦啊！只注重外表。」殊不知講這句話的人同時才真正暴露出自己的膚淺，如果一個人連自己的外表都無法控制得當，那還能成得了什麼大事？

經營社群網站久了，我經常遇到所謂的酸民，不曉得為什麼，酸民們特別喜歡針對空服員這個職業，以這職業在台灣的社會價值觀中，好像評價很兩極，一堆人罵但是又一堆人想考，我真的是好納悶。

我們的工作不只是送餐、送飲料

想當年我初踏入航空業的時候，本來對空服員這個工作就沒有太多粉紅泡泡，我也不是什麼太夢幻的女孩，只覺得這是個穩定又可以到處看看、增廣見聞的工作，加上我本身的個性本來就不喜歡乖乖

坐在辦公室，而且憑良心說，這份薪水對於一個剛出社會的新鮮人來說，算是很不錯的了，當時我也真的不覺得這職業有特別怎麼樣的厲害。

其實到我真正考進公司後，都還不太知道空服員這工作真正的價值到底是什麼，等到受訓期間經過了嚴格的訓練和考試後，才真正了解到一個合格空服員的真正價值所在。

在飛機上不像在地面，要什麼有什麼，尤其是當你搭飛機的時候身體不舒服，空服員在飛機上又找不到醫生的時候，我們在地面訓練所學的基礎醫療就是你的救命稻草，每一個狀況有每一種不同的SOP就是為了要保證乘客的安全，我經常在網路上遇到酸民說：「空姐就是高級服務員啊！有什麼了不起？」

是真的沒什麼了不起，但會說這種話的酸民，大多是沒在飛機上真正遇過緊急狀況，並且受過空服員幫助的人，當你真正遇到緊急狀況的時候，就算是你爸媽也救不了你，記得幾年前空服員還在機上緊急接生呢！在飛機上能救你的人就只有受過緊急逃生和醫療訓練的空服員。如果哪一天就是這麼不幸，在飛機上發生火災了，客人除了知道潑水以外，沒受過特殊訓練客人不會知道該如何滅火。如果真的不幸客艙失壓了，在高空缺氧，只需要幾秒鐘便會失去意識，客人知道在這樣的狀況下該怎麼活下去嗎？這才是空服員這工作真正的價值，而不只是送送餐、送送飲料而已。

很多酸民認為空服員就是高空服務員，這經常讓我感到很無奈，你不懂這工作的價值沒有關係，但是任何領域的服務員都是值得被尊重的職業，尤其是真正有在用心做服務的服務員，就算只是一個飯店的門僮（Door Man）難道不應該被尊重嗎？對我而言，真正貼心到位的服務是需要下苦功鑽研的一門藝術。

空服員從來不是空有外表

也常聽到有人說：「空姐就無腦啊！只注重外表。」殊不知講這句話的人同時才真正暴露出自己的膚淺，我在公司的幾年，用臥虎藏龍來形容我遇到的同事們真的不為過，論學歷，很多人都是國外唸書回來的碩、博士，甚至還有以前是牙醫、老師等職業。同事裡面不乏還有油畫家、自己有其他事業的老闆們，遇到很多人把飛行當興趣，只是來交朋友打發時間的同事。說真的，因為外表是這個工作的門檻，平均來說我遇過的同事們外表都不會太差，若只因為你看到的空服員們外表都還不差，而對這職業的評論就是無腦，這樣的結論是否太膚淺？況且，如果一個人連自己的外表都無法控制得當，那還能成得了什麼大事？

尤其前幾年的航空業罷工事件，更是引發超多酸民在網路上對空服員這個職業的言語霸凌，「不爽不要做」「薪水這麼高還在那邊吵？」其實我真的很想說，台灣的勞工們難道真的奴性這麼重嗎？不管在什麼領域，如果我們的勞動環境日益惡劣，身為勞工對自己的權利卻默不吭聲這樣對嗎？一般大眾無法理解空服員的班表架

構，因為這是一個很複雜的系統，我大概進公司快半年才搞懂。大多數的酸民對於這件事情不了解，看到罷工就加入仇視空服員的行列，我也很不懂，空服員爭取讓自己的勞動環境變好，難道不對嗎？任何領域的勞工都應該為自己的勞動權利發聲。

我了解網路發言的匿名性，讓酸民們可以恣意躲在鍵盤後對空服員這個職業大肆批評，有的人講得好像自己就是空服員，了解很多內幕的樣子，但實際上就只是想像。很多時候對於自己不了解的事情我習慣不隨意發表言論，因為不夠了解就容易產生誤解，或者隨意發表言論只會表現出自己的無知。

早期在經營社群網站的時候，老實說我滿玻璃心，對於一些言語霸凌也感到很受傷。久了以後，回頭看看其實還有很多很多支持我、一直看著我文章的人們，從一開始我只是一個 2、3 天發一篇想跟大家分享流水帳日記的空服員，到後來因為看我文章的人們愈來愈多，變成幾乎固定天天發文的部落客，在這其中我也看到很多人對這職業態度的轉變，覺得很開心，即便到今天我已經離開航空界，對於願意體諒空服員工作的人們也都非常感激，謝謝有酸民們，同時才有一直陪著我的讀者們的存在。

機艙裡的大小事
Chapter 2

除了乘客之外，飛機上其實很忙……

「您好，需要免稅品嗎？」

「請問需要茶或咖啡？」

「您的毛毯來了。」

除了服務旅客，面對各種突發狀況還得鎮定，

不管是各種奧客，或是只能祈禱的各種飛安狀況，

空服員的心臟，比你想的還要強壯！

不順心時，我會想起這封讚揚信

菜鳥時期收到的嘉許，格外珍貴

見習員階段如果出錯，輕則送回地面學校重新訓練，重則可能連正式資格都還沒拿到就被開除了，所以可以說是戰戰兢兢，一刻都不能放鬆。

還記得剛上線的超菜鳥時期，上了飛機看到什麼都想幫忙，卻不知道該怎麼幫比較好，在廚房裡總是礙手礙腳，搞不大清楚狀況，經常會給學姐添麻煩。

乘客解圍，令我銘記在心
剛上線的組員叫做「見習員」，那時在自己的名牌下面還會再加一個

見習員的名牌,見習員的飛行每趟都要查核,就像考試一樣,項目非常細,除了安全程序和安全檢查是一定要的外,當然還包括服務技巧。見習員階段如果出錯,輕則送回地面學校重新訓練,重則可能連正式資格都還沒拿到就被開除了,所以可以說是戰戰兢兢一刻都不能放鬆,不容許出差錯的啊!

記得那趟是飛往大陸的航班,乘客大部分都是商務人士,對報紙的需求量很大,偏偏公司準備的報紙永遠都不夠,機門邊報架車上的報紙都被拿光了。遠遠見到一名旅客穿著襯衫拿著公事包,一上機就向我迎面而來,看了我的見習員名牌一眼,立刻對我抱怨:「這麼大的飛機連一份報紙都沒有。」命令我立刻把自由時報送到他的座位,通常經濟艙報紙發完了,就只能去跟商務艙的姊姊借了,無奈飛往大陸主要城市的航班商務艙通常都會客滿,報紙自然也不會剩,這時候就是考驗服務技巧的時候了。

我回到客人座位,告知對方今天自由時報不多,恰巧大家都看自由時報,目前都沒有了,是否願意換看其他報紙?或者等其他客人看完再為他整理後送過去?但客人不接受這個說法,立刻大聲說:「你知不知道我是你們金卡會員?」氣急敗壞地要我生出一份自由時報。當時為了這位拿不到自由時報的客人,我在他的座位旁蹲了好些時候,就為了安撫客人的情緒。最後是後面的客人看不下去了,直接把他手上的自由時報遞給那位生氣的客人,幫我解除了危機,雖然這已經是好久以前發生的事,至今我還是非常感激。

當時下班以後也就沒再多想這件事了，沒想到幾天以後公司通知我，說收到了一封讚揚信，那時我並不覺得做了什麼值得被讚揚的事，畢竟只是盡了服務業的本份，我看了那封讚揚信以後非常感動，原來就是那個大陸航班上其他客人寫來的信。讚揚信大致上的內容是敘述客人拿不到報紙而生氣，這整件事情其他客人都看在眼裡，當時這位見習員處理的態度和服務技巧非常好，讓他看了非常感動，勉勵我不要因此氣餒，要繼續努力在這個領域裡努力。

雖然只是短短幾行字，對當時的我而言是非常大的激勵，至今我還一直記得這封讚揚信，後來在飛機上工作的時光，遇到不太順心的事，都會想起這位客人寫的讚揚信，雖然我不知道他是誰，但身為一個小小空服員，尤其又是見習員，能夠得到客人真心的稱讚和諒解至今我真心感謝。

（ # 見習員：剛上線，尚在考核期間的空服員，後來在飛機上就算是考核期間的
　　　　　　　見習員身份，也取消配戴「見習」名牌的制度了。 ）

新手的每個錯，都是大錯

考核期間，你就是一個小媳婦

在這個環境裡誰說什麼你都只能說：「對不起，我下次改進。」再做其他解釋都只會被認為在頂嘴而已。

記得剛上線的時候每天都好累，除了體力累以外，主要是心理壓力非常大。剛上線的時候基本上就是個小媳婦，任何路人都可以給你批評指教，尤其是當你還是 OJT 的時候，OJT（On Job Training）的時候只要犯一點小錯誤都會被無限放大，比你資深一個月的學姐也可以 K 你，所以每天皮都繃很緊。

考核表折到一角，也被寫報告

在地面課程完畢以後，就要開始上機 OJT 啦，這時候上機還不是

正式空服員喔，也就是大家知道的見習員身份，以前還會發一個見習員的名牌，讓你放在名牌的下方，我遇過客人因為看到我的見習員名牌對我特別客氣，還幫我加油打氣，但也聽說過有客人因為看到名牌而對見習員特別嚴苛，除了客人以外，座艙長和其他資深組員也會特別注意見習員的表現。OJT 的時候如果被座艙長寫報告，很有可能就要回地面重訓或是被退訓回家啦！尤其第一階段的 OJT 都是無敵大早班，每天擔心遲到，加上上班壓力超大，飛行前的 Q&A 也要先念書，其實那段時期根本不可能睡好。

記得某一個來回班是我考核的第一趟，前一天緊張到睡不著，是個早班，但我無敵早就起床看書了，深怕第一趟上飛機會搞不清楚什麼時間點要做什麼事，還特別用資料夾把考核表保護好，一上機交給座艙長以後，就開始機上的安全檢查程序還有準備工作。結果那趟一登機就超多客人抓著我加保溫杯的水，因為太忙而晚接了一通電話，馬上就被座艙長盯上，後來座艙長還認為我的考核表有折到一小角，讓他覺得不受尊重，但其實我是用資料夾保護好好的啊，我也不明白那一小角是怎麼回事。

回家以後隔天累到躺一整天，還在睡夢中接到一通辦公室電話，原來是我的第一張報告，就是那位認為我考核表被折到一角的座艙長寫的，內容是我送餐的時候，手指太靠近紅酒杯的杯口，果然是非常細心的座艙長啊！看得非常細，但我認為這是考核時候需要被叮嚀的，從那次以後我在服務的時候一直謹記著這件事，其實滿感謝

這位前輩。但他報告中還加了一筆我的考核表很皺，哈哈哈哈我也不知道該如何回覆，以及我接電話速度太慢……總之在這人生中接到的第一張報告裡，我學到了一件事：身為小媳婦，在這個環境裡誰說什麼你都只能說：「對不起，我下次改進。」再做其他解釋都只會被認為在頂嘴而已，虛心受教就對了。

酒給太大杯，竟也被客訴

在我的職業生涯裡很幸運的其實報告很少，除了 OJT 被座艙長寫這一次以外，記得還有唯一一次客人的客訴報告，是說我的白酒給他太大杯，我也是感到哭笑不得，還記得是香港來回班，一對情侶坐在 27 排 AB，那位男生跟我和另外一位組員都要了一杯白酒，最後我去服務了那杯白酒，一般客人都是希望加滿一點，我這次卻因為白酒倒太滿被寫了報告，實在是哭笑不得啊！所以服務業除了要很能接受虛心別人的批評指教以外，面對各種「黑人問號」的狀況為了自保，腰桿子都要夠軟呀！

(# OJT：On Job Training，空服員初上線的考核時期。

姐姐好、哥哥好，我是菜鳥妹妹

機上職場潛規則，尊卑、位分很重要

除了比你資深的要叫姐、哥以外，哥還有分大哥跟小哥，叫錯了有失禮節，還有可能因為這樣變成下一期八卦女主角被傳頌千古，可能永遠被貼上「那個妹不懂事」的標籤。

記得剛進公司的時候，除了每飛一個新的外站都覺得新奇以外，對於新的同事也都很好奇，因為每一次飛行遇到的組員們都不一樣，今天跟 A 飛、明天跟 B 飛，全看派遣部門怎麼排班。也就是說如果你要做這個工作，你的人格特質必須要夠大方，至少對於跟陌生人

相處這件事情是正面的，不然每一趟遇到不同的組員、座艙長，要順應不同人的工作習慣，其實是很辛苦的。

座位、食物、房間，一切都是姐姐先

除此之外，還有學長、學姐的制度，需要適應一下。尤其亞洲的航空公司通常對於先來後到的觀念根深蒂固，也就是資深、資淺的差別，在公司裡只要是早你一天受訓進公司，你都必須尊稱她一聲姐，當然除了比你資深的要叫姐、哥以外，哥還有分大哥跟小哥，叫錯了有失禮節，還有可能因為這樣變成下一期八卦女主角被傳頌千古，可能永遠被貼上「那個妹不懂事」的標籤。

剛開始進公司的我，對這樣的文化其實不是很能適應，畢竟是我畢業後的第一份工作，天空是我真正走出學校、家庭保護傘，真正開始社會化的場所。菜鳥空服員的時候從受訓開始，早晨在公司看見每一個人都要大聲道早安；中午在員工餐廳吃飯看到不認識的同事也要大聲打招呼；上下班坐交通車，資淺的一定從最後面一排往前坐，大概是因為後排比較顛簸難坐，但其實坐久了也就習慣了，一直到後來我都還是習慣坐在大巴士的後段。

在機場行走也是，隊伍的尾端通常是最資淺的組員，隊伍的前面會是前艙機師到資深大姐，就連在飛機上吃飛機餐也是由資深的學姐先選擇她想吃的，通常菜鳥空姐等學姐們選完餐再吃飯，已經是餓到不行啊！所以在我很資淺的時候，上班前有時間都會先帶自己的

戰備糧食上飛機,以免忙完血糖過低,在外站拿房間鑰匙也是一樣,資深學姐先拿房卡先進房間休息。

尤其是當你還掛著見習員名牌的時候,根本等於就是你戴著小媳婦3個字的名牌,因為這段期間就代表你還在考核中,任何一點雞毛蒜皮小事、任何人都可以找你麻煩。例如:你的珍珠耳環超過直徑0.8公分,有人隨身帶尺拿出來量,說你的耳環不合格,因為超過0.2公分。可是說實在話,0.2公分的差別肉眼根本看不出來,但如果你是見習員,就等著接報告回辦公室說明了,就連隨身攜帶的筆款式太花俏也是會被約談的。

服務鈴一響,別等姐姐放刀叉

身為小媳婦見習員,除了簡報的時候進簡報室要跟大家打招呼,請哥哥、姐姐們多多指教以外,飛機上還有些客人會特別針對戴著見習員名牌的組員刁難,好險後來已經取消了見習員名牌,所以除了組員以外,一般客人是沒有辦法分辨誰是見習員的,但就空服員這樣的職場倫理而言,見習員的階段還是非常辛苦的啊!

這階段我個人覺得是身體很累,心更累,總之就是除了客人以外,也不能讓任何學姐不開心。在飛機上的工作也是一樣的狀況,每一趟飛行,一起飛的組員都不一樣,在飛行前會有行前簡報,除了口頭測驗當日機種的緊急逃生程序以外,每一個人根據當天飛行任務有不同分配工作(Duty),也就是說資淺的妹妹可能會排到賣免稅

品，也許再資深一點的哥哥會排到廚房，資深的大姐可能就是要負責全機的廣播，諸如此類的任務分配，每一個人在自己的位置上各司其職完成團隊合作，但如果剛進公司的菜鳥空服員，要做的事情就非常多，除了自己份內的工作以外，當然還包括回服務鈴。

通常忙完到一段落的時候，組員會有一點點空檔時間用餐，如果這時候有服務鈴，我都會立刻丟下刀叉飛奔出去回覆，所以空服員通常都腸胃不太好，我們經常在有時間壓力之下用餐。通常短班我都用幾分鐘吃個幾口，組員餐就草草結束了，假如服務鈴響了，你讓資深學姐放下手上的餐具出去回服務鈴，就太不上道了啊！

職場潛規則，有利也有弊

記得我有趟 OJT 飛了日本來回，因為剛上飛機對機上用品的位置還有服務程序沒有姐姐們熟，工作速度一定比哥哥、姐姐們都慢，根本整趟都在道歉中度過，這種團隊工作只要一個小環節出錯或是速度過慢，很容易影響到其他人的工作進度，尤其後來人力縮減，有時候一個人根本是要做兩人份的工作，還資淺的時候就更不用說了，所以心理壓力無比大啊！我記得我那趟飛行是曼谷來回班，下班連續睡了 16 小時沒醒，所以如果你的女友或是朋友們當中，有剛進亞洲航空公司的見習員，請大家多多體諒他們啊！

其實要細講公司的潛規則真的不少，是從以前到現在幾十年的傳統，剛開始有點不能適應，覺得好像在當女兵，就連組員輪休的床

休假時，把握時間上油畫課

位資淺空服員的也要睡上舖，有些機種的上舖根本很難爬上去啊！而且不知道為什麼樓梯下去後面那個最資淺的床位天花板永遠是塌陷的，但如果你是當班次最資淺組員，機上輪休時，你就是只能睡那個位子，反正也累癱了，一躺一樣睡翻，根本也來不及在乎天花板塌不塌陷了。

但隨著年紀漸長，漸漸發現，自己好像有些可以接受這樣的職場倫理了。畢竟這麼大一個企業，每一次的工作團隊組員都不一樣，除了既定的 SOP 以外，這些潛規則可以讓工作更順暢。但我發現在這樣子的環境之下，自己也默默學到了很多東西，除了社會化以外，還要能屈能伸、察言觀色，大概是我在這樣的職場倫理裡面最寶貴的收穫。很幸運的，在我飛行幾年的過程裡，其實極少遇過真正對我不好的前輩，遇到的大多都是把我們當妹妹看待的好姐姐，這也是我覺得學姐學妹制的職場倫理難能可貴的地方。

不是親姐妹，但也親如家人

記得我遇過好幾個讓我印象深刻的好學姐，在長班的工作空檔聊聊自己的事，也許是感情煩惱，也許是對人生的疑惑，姐姐們雖然也許是第一次見面一起飛行，學姐也把我當做自己的妹妹一樣看待，剛進公司還很菜的時候遇到好幾個看不出年紀的學姐，一問之下才知道學姐都飛了 10 年了。

學姐語重心長跟我說，這工作時間過得很快，每個月出班表一眨眼

就過了，12張班表，1年就過去了，如果沒有好好把握時間，在這樣算是穩定的工作閒暇中好好充實自己，很快一轉眼就會發現自己虛度了人生中最精華的時光。至今我還是記得她在長班夜航跟我說的這番話，後來學姐也離職了，有了更好的發展，我也一直不敢懈怠，利用休假空檔不斷充實自己。

到後來，我也漸漸變成學姐了，看了後面新進的妹妹們，忙著適應飛機上的種種、賣免稅品賣到沒空吃飯⋯⋯好像看到自己當初的樣子。空閒的時候大家會聊聊天，講講自己的事，常有妹妹們問我一些感情或是人生的問題，我也把她們當作自己的妹妹，我覺得這是這工作最難能可貴的同事情誼，希望他們也都可以在這樣的環境裡面愈來愈茁壯，在工作上當一個獨當一面的空服員，最重要的是下班以後，可以有自己追求的理想人生。

#Duty：機上每個位置要負責的工作都不同，在每個位置上要完成的責任義務，稱為 Duty。

三萬英呎上，短暫卻真摯的緣分

為何每個人都想認識空姐？

我個人飛行這幾年來，不管男、女，真正跟我航班上的客人成為朋友的大概只有1、2個，相處就那幾小時，成為真正的朋友，實在是需要緣分啊。

經常有人開玩笑或是認真地問我要怎麼樣認識空姐啊？我常覺得很疑惑，如果想認識朋友怎麼會是因為他的職業別？對於以「因為這個人的職業是空姐，所以想認識她」這種匪夷所思想法為出發點的人，通常一定都被我打槍。我猜想，也許是大家周遭很少有這樣職業的人，所以對空服員這個職業很好奇，但事實上大家不用把空服

員這職業想得這麼遙遠,就跟你我一樣,只是我們的辦公室在三萬英呎的天空中。

短短幾小時,成為朋友需要緣分

經營粉絲團多年來,可能因為我的粉絲團名稱是「一名空姐的流水帳日記」,經常遇到有人私訊我:「可以找空姐聯誼嗎?」這種沒來由就丟來一句的要求,雖然我見怪不怪,但也覺得不舒服。或是:「要怎麼樣才能認識空姐?」多半會有這種言論的人應該平常都沒有看我的發文,我對這種事情相當感冒,通常我會回答:「想認識很多空姐,那你可以去考機師或是空少,你可以認識數以百計的空姐,如果你想認識機師也是一樣的。」

還有很多人問我要怎麼樣在機上搭訕空服員?我覺得這各憑本事,其實也不少同事最後跟客人結婚開花結果的。但我個人飛行這幾年來,不管男、女,航班上的客人真正跟我成為朋友的大概只有1、2個。基本上航班很短,空服員和客人的緣分就那幾小時,多一點的大概10個小時,除非是非常聊得來,還要留下聯絡方式才有可能成為真正的朋友,實在是需要緣分啊!

至於用什麼方式在機上進一步認識空服員?記得有次過年期間飛一個峇里島班,落地後正在送客,最後剩下零星幾個年輕人,結果有個男生非常靦腆走到我面前,急忙塞了一個紅色的信封給我,當下想說客人怎麼這麼貼心!知道我們春節上班很辛苦還給我紅包。

聖誕節在機上遇到聖誕老人

因為曾經聽姊姊說過，過年期間有遇過經常搭機的飛行常客會給組員紅包，雖然只是小小的金額，但是過年上班可以收到卻非常開心啊！我連忙跟對方說了謝謝，結果客人離機以後一看，是客人寫的紙條，上面是他的聯絡電話，哈哈哈哈！真的是我想太多了啊！還遇過客人把自己的電話寫在 100 元美金上要給我，當然我沒有收，覺得大家如果真的要搭訕空服員不要用這種怪招啊！

抱病上班，曾遇客人幫忙刮痧

當然也遇過很多很可愛的客人們，有人會在用完餐的餐盒蓋上畫愛心或是笑臉，因為收餐的時候空服員一定會看到餐盒，雖然沒有進一步的交談，但也覺得心暖暖。說到這種可愛的緣分，有一年的聖誕節，登機的時候迎面而來竟然是一個聖誕老公公！是一個可愛的外國人裝扮的，而且他真的長得像聖誕老公公啊！他不但跟我們合照還送大家糖果，讓所有組員和周遭的客人都很開心，就算聖誕節上班也不覺得辛苦了。

還有一次抱病上班，剛好又是越洋航線，請假除了會扣錢以外，還會變相懲罰，讓你無法換班 2 個月，所以基本大家都是抱病上班。長班的航行時間長，客人都會吃 2 段餐，那天上班就已經很不舒服，硬撐完第 1 頓餐以後我整個人臉色發白。客艙燈關暗以後，我坐在自己的 jump seat 上 on duty，長班負責 on duty 的組員工作大致上是清點一些交接給下一班的空服備品和回客人的服務鈴，剛好一位小姐來廚房找我要茶，她看到我臉色發白關心了一下，知道我身體不

舒服，便非常熱心說自己學過刮痧，而且隨身攜帶刮痧板，說要幫我刮痧。

我那時真的太不舒服了，直接在廚房就把制服拉鍊打開讓她刮痧了，刮完整個背紅一片，但氣血通順很多，後來工作就舒服多了，空服員在飛機上不舒服很麻煩，畢竟在機上不像地面這麼方便，不可能去看醫生，也不可能因為組員自己不舒服在機上廣播叫醫生。實在是很感謝那位小姐，最後我送了那小姐一張手寫卡片和小禮物，後來想想好險有遇到她，不然我那十幾個小時會非常痛苦，而在機上廚房被刮整片背的痧，也是一件很特殊的經驗。

我最喜歡的就是遇到這些可愛的客人們，每次飛行覺得累得快要撐不下去的時候，都是這些在天空中遇到的小天使們給我動力，還有很多是平常有看我粉絲頁且剛好搭到我的班機的人們，非常感謝這些所有的緣分，是你們讓我的工作增加了很多美好回憶。

#jump seat：飛機上的空服員座位。
#on duty：機上組員輪替休息時，當段負責值班的組員。

一種米養百樣乘客

空服員最在意的地雷行為

經常遇到有些客人會私自進入我們的工作範圍，例如廚房，但廚房檯面上其實會有一些我們私人物品，記得學姐曾分享她自己帶上飛機的珍珠奶茶被客人喝了一口，還放回廚房檯面上……。

這幾年我在空中見過的奇人異事簡直可以編寫一本圖鑑，附上搭飛機的幾個空服員地雷，大家要互相尊重喔！

請勿任意觸碰拍打空服員身體

這是我個人的最大地雷啊！尤其是在韓國航班，很多阿珠孃呼喊空服員的時候都是用手直接拍打我們屁股啊！難道我屁股長得很像服務鈴嗎？雖然他們不是故意的，但社交距離真的是件重要的事啊。

記得有次我飛大陸班，在走道服務咖啡，經過一對情侶，坐走道的男子就拍打我身體，叫我給他咖啡，我實在不是很了解，因為用講

的我其實聽得到，當下禮貌告知他下次請用講的，不要觸碰我的身體，結果他轉頭跟他女友說：「哎呦這台灣妞悍的咧！」我哭笑不得啊！這也是很多空服員的地雷喔！其實不只在空中，希望大家不管是在地面或是機上都要互相尊重啊！

這真的不是肯德基

因為飛機裝載的關係，航空公司餐點選擇有限，經常送到最後只剩下一種選擇，這時候經常會有客人因為吃不到某選項就發脾氣，只差沒有倒在地上哭鬧說：「這不是肯德基！」其實我可以理解乘客覺得：「為什麼到了他就沒得選餐？」這感覺的確不好，但這真的不是空服員可以控制的。

航空公司其實也會依照航線不同調整上餐選擇的比例，例如：美國回來的航班第二頓早餐，以前經常是西式的蛋比中式的稀飯還多一點，但因為我們公司美國班的乘客組成大多是越南人和台灣人，實際上選中式稀飯的人就會多一些，有時候連外國人也點稀飯，實在是很難以捉摸，最後都是空服員要一個一個道歉退餐，這點就請大家多多諒解了！畢竟飛機上的餐點只是讓你不要餓肚子，落地以後好吃的美食才是重點呀！

小姐！把行李放上去

經常遇到年輕女子帶著自己買的大包小包戰利品，一上機就叫空服員扛上行李櫃或是年輕力壯甚至是精壯有肌肉的年輕男子都要求空

服員放行李，如果是因為受傷，我們都很願意幫忙，如果不是的話，大家都成年人，不是應該為自己的行為負責嗎？大多數人只是懶得自己放……空服員天天飛，不像一般人可能一陣子才搭一次飛幾，如果每天都搬行李，大概不到1年就退休了吧！大多空服員還是會幫忙，但每個人多少都有筋骨受傷的狀況，也許你會說這是我們自己選的工作，但將心比心，希望乘客可以體諒。事實上外籍的航空公司有明訂，空服員只限於幫助老弱婦孺以及不便或是受傷旅客搬行李的喔！

小姐！麻煩叫前面的人……

之前飛一個越洋航線，遇到一對夫妻帶著3個小孩，用完餐以後客艙關燈讓乘客休息，其中一個小孩可能因為在機艙加壓下感到不舒服，一直不斷哭鬧，坐附近的乘客按了服務鈴，我一過去，他劈頭就說：「請把那個哭鬧的小孩丟出機外。」這種狀況身為空服員也很為難呀！因為我了解父母也對這種狀況感到尷尬，但班機客滿我也無法幫那位乘客換位子，最後只好提供他耳塞。

還有一次也是越洋航線，關燈以後服務鈴亮了，我一過去回應他就說：「你有聞到腳臭嗎？麻煩前面的先生把鞋子穿上。」又是一個太為難空服員的難題了啊！畢竟穿不穿鞋子是個人自由，嗅覺好不好也是個人天份，最後我的處理方式是在客艙那區噴灑香水。

再來最常見的就是服務鈴一響，客人呼喚我們過去叫前面那位乘客把椅背豎直！其實除了用餐時間以外，空服員不會要求客人把椅背

豎直，畢竟椅背往後倒是每個乘客的權利喔！若覺得前面的人椅背太傾斜，自己也可以往後倒的。

全家就是我家

經常遇到有些客人會私自進入我們的工作範圍，例如：廚房，但廚房檯面上其實會有一些我們私人物品，記得學姐曾分享他自己帶上飛機的珍珠奶茶被客人喝了一口，還放回廚房檯面上……更妙的是組員帶的杯裝卡拉姆久（一種條狀零食），竟然被客人以為是泡麵，加了熱水結果整杯爛掉……。

我飛的時候，都會自己帶 1.5 公升超大桶的水壺上飛機，那水壺很明顯就是私人物品，因為我的唇印還明顯的印在水壺吸管口，有一次在機上忙得如火如荼，送餐送到一半回廚房拿東西，突然看到客人竟然私自進入廚房從我的水壺倒水出來喝……實在傻眼，而且他喝的水還流過我的吸管唇印啊！我不是很能理解，為什麼有人敢喝陌生人水壺的水啊？

還有一次在機艙走道上賣免稅品，工作的時候我們都是穿圍裙的，圍裙有兩個口袋，客人座椅的高度剛好可以看到口袋的位置，正在忙著賣東西的同時，旁邊坐著的客人竟然直接伸手進入我的口袋掏東西，還有跟空服員借筆絕對不會還的客人很常見，所以我們都會用公司的筆，不見就算了，有某個學姐身上的筆都沒了，剩下自己在迪士尼買的卡通人物筆，借給一個客人以後，看見客人邊咬筆邊

用她的筆寫字，最後那支筆學姐也不想收回了。

另外也有乘客跟空服員借了萬寶龍筆，寫完直接假裝沒事收進自己包包裡，直接就不還的也大有人在，客倌啊！不是上了飛機就沒有法律的啊！並不是一上機整個機艙都是你家，那是空服員的私人財產啊！

撿到什麼都不奇怪

記得有次飛歐洲班，第2頓早餐開燈以後通常會先發送溫熱濕紙巾，讓大家稍微醒一下，一開燈發現走到地上有一件 Bra ！問了周遭的乘客，沒人想承認。過了快兩小時，早餐用完也快降落在桃園了，竟然又撿到一件內褲！問了附近的乘客，還是沒人承認，我實在疑惑，到底那個遺失的人後來是穿什麼下飛機的啊？！

還記得有次乘客都下機了，剩下一個中年男子，緊張翻找自己的座位，我上前詢問：請問先生掉了東西嗎？先生回答：「我的眼鏡！」我急忙幫忙在座位附近翻找，後來我問他請問眼鏡長什麼樣子？他回答：「藍色框。」我說：「先生請問是你頭上這副嗎？」先生滿臉通紅下機，實在是太可愛了啊。

客人掉什麼真的什麼都不奇怪，sim card 和鑽戒我遇過好幾次，還有一趟客人下機前急忙跑到廚房，告訴我們他的透明牙套放在餐盤上被收走了……於是我們所有人留下來把大概六台髒的餐車裡面的

髒餐盤一個一個拿出來檢查，最後還是沒找到。

乘客最常不見的就是護照，但當乘客會急忙叫我們幫忙找護照的時候，80% 都會發現護照就躺在他的包包裡，讓人哭笑不得。

其實飛久了在機上看到的令人驚奇的人、事、物，真的什麼都有，什麼都不奇怪，把衣櫃當作廁所門、把耳機當保暖耳罩、把機上毯子當披風披著下飛機的也大有人在，只要在不影響他人的狀態之下，其實無傷大雅。

我是空姐，我會讀心術

選柳橙汁還是番茄汁，一眼就知

我個人飛行這幾年下來，最引以為傲的奇幻能力，就是遠遠看到乘客的臉，就知道他等等點餐會搭配番茄汁。

做了空服員這個工作以後，遇到好多世界各地來的人們，彷彿覺得自己的超能力被開啟了一樣，經常乘客還沒開口，我就可以藉由觀察得知他們的需求，客人感覺有點口渴的時候，立刻送上一杯溫水以外，還有很多時候觀察乘客之間的互動變成我的小樂趣。

我知道你要點番茄汁！

以前坐在空服員的 jump seat 上，對面經常會與客人對坐，觀察他們的互動，就可以知道他們的關係到底是情侶？夫妻？新婚？這是件很有意思的事，大多新婚夫妻蜜月或熱戀期情侶都如膠似漆，女生

要多傲嬌都可以，看得出來男生在忍耐但是甘之如飴；還有那種相敬如「冰」，看似吵架或是已經無話可說，一整趟飛歐美 10 幾小時沒有交談的夫妻。我也曾經遇過一對我印象非常深刻的夫妻，他們的互動非常好，感覺得出來感情很好並且互相尊重，我默默猜想他們應該是二婚，交談以後從言談中發現果然是彼此的二婚，但是他們散發出來的幸福感是比很多新婚夫妻還要強烈，像遇到這種乘客的時候，我也會被他們的幸福感染，一整趟飛行也會非常開心。

但我個人飛行這幾年下來，最引以為傲的奇幻能力，就是遠遠看到乘客的臉，就知道他等等點餐會搭配番茄汁哈哈哈哈哈，這個大概有80% 的命中率，還有一種臉是訂素食餐的乘客，面相也特別明顯，說不上規則在哪，就是一種空服員的直覺。另一種是趨吉避凶的直覺，很多乘客一登機以後就算沒有和空服員有互動，甚至沒有對話，光是看著他的肢體語言和面部肌肉，就可以知道這位客人今天的心情很不好，有經驗的空服員看見這種乘客都是躲遠遠的，也有一種客人是一上飛機就散發天使光芒的客人，這種在航班上也會讓人特別安心，這個能力是我在當空服員的過程中遇到了這麼多人們後，不知不覺訓練出的敏感度。

別再說「你知道我是誰嗎？」
不過有一種乘客我真的就看不出來了，就是愛在機上擺架子的客人，這款客人只要稍不順（例如：拿不到自己想看的報紙、吃不到自己想吃的餐點）經典名言就是：「你知道我是誰嗎？」但事實上

真的沒人知道他是誰。依照我多年的飛行經驗遇，到這麼多形形色色的人，真正大人物其實都是非常謙虛低調的，像這種的就讓他隨風而去吧！

老實說以前我是非常粗神經的人，經常不會看別人臉色，有時候別人生氣了都還沒發現，自從進入這個職場以後，發現藉由觀察，學習到很多東西。後來和陌生人的相處，幾乎對方可以不用說話，就可以感知到他目前的狀態或是情緒，我覺得這個能力在未來不管在哪個場域，飛或不飛其實都非常有幫助，這也是我在這個工作中的自我成長，歡迎大家有興趣可以一起來這個修羅場磨練磨練。

您好，需要免稅品嗎？

你買得很開心，空服員可不一定

你知道飛機上可以買免稅品，但你不知道的是，空服員必須自行準備各國零錢，好找錢給付現金的旅客。

相信大家每次出國，到飛機上第一件事一定不是看逃生路線而是興奮地打開免稅品雜誌看看有什麼免稅品可以買吧！尤其長航段要被關在飛機上好久，可以順便逛逛購物不得不說是一大樂趣啊！

但是對空服員來說，這可不見得是樂趣。尤其是剛上線時，經常會被安排負責賣菸酒，也就是免稅品。在飛機上推著商品推車、賣東西結帳，看起來很輕鬆啊！不過，一般乘客可能不知道，平常在飛機上賣免稅品需要找零的零錢都是空服員自己先墊的。所以每一趟飛行之前都要先確認是不是帶足了各國貨幣的零錢，包括：台幣、美金、人民幣、日幣等等。

尤其剛開始飛行的試用期，甚至還聽學姐說，會有座艙長檢查外幣錢包，至於座艙長有沒有權力檢查別人錢包這件事情，我們就先不談了，因為在服務至上、學長姐制的公司文化裡，資淺空服員根本沒什麼發言權。尤其試用期其實沒什麼薪水，光是換各國外幣零錢就是個負擔啊！像我這種數字觀念不大好的人很容易賠錢，每次要負責賣免稅品時，我都提心吊膽。

菜鳥空服員 400 元美金的教訓

記得有一趟從美國飛回台灣，我一樣又是全機最資淺的空服員，自然就是要賣免稅品，通常每個航線都會有制式的工作 SOP，賣免稅品也不是隨性賣，是有固定路線的，通常是從商務艙開始賣起。某些特定航線還會特別熱賣，如果還有折扣促銷的話，更是不得了，基本上就是沒時間吃飯，一路賣到飛機降落。

記得那趟是在降落前賣免稅品，雖然是長航段，沒有像飛上海、沖繩那種短航程、免稅品又超級熱賣的時間壓力，但那天從商務艙開始，就已經大熱賣，商務艙都還賣不完，來不及賣到經濟艙就準備要降落了。所以飛行過程中，其他空服員姐姐們都拿著自己客人要的 order 單給我。一下這個要看手錶、一下那個要買一瓶酒，那天不知怎麼的，我這車生意超好。

最後終於賣完抱著一堆簽單和現金回到自己的坐位上算帳，下了飛機發現短少了美金 400 多元，大概是新台幣 12,000 元。

剛上線的菜鳥空服員根本沒什麼錢，第一次遇到結帳直接短少現金的狀況，而且金額還不小，立刻報告了當班的座艙長，所有的組員們都再度幫我確認是不是哪位學姐收了錢忘記給我。

最後，那 400 元美金，當然沒有找到。

凌晨下班後，我在回台北的大巴士上，看著外面景色一直往後飛，歷經了一個越洋航班後已經身心俱疲，想著還要倒賠賣免稅品的錢，怪自己太粗心。沒想到座艙長還傳了一封暖心簡訊安慰我，那封簡訊到現在我都還留著，為的就是提醒自己下一次要更小心。自從那次以後，我賣免稅品都非常非常小心謹慎，雖然至今還是不知道那 400 元美金到底在哪裡，但也確實讓我學到了一課。

我擋到她的路了

還有一次印象深刻的經驗，也是在售賣免稅品的過程中。當時我推著一台大車在走道上售賣，因為走道上有車子，客人自然是過不了，通常若客人站在旁邊，我們都會把車子讓開，讓客人先過。

還記得當時正在幫買菸的客人結帳，我身後站著一位小姐，但因為她並沒有出聲，我自然不知道後面站著一個人。但是這位小姐突然在我身後大罵：「妳到底好了沒？我要過！」我嚇了一大跳，旁邊的客人也嚇了一大跳。

本著以客為尊的服務業精神我立刻先道歉，並且放下手邊工作先把車子推開，讓這位小姐通過，殊不知這位小姐站在那不動，瞪著我！我接著問她：「不好意思還需要什麼嗎？」

這位小姐要我倒一杯水給她，在旁邊的同事聽到後，立刻表示馬上提供，但她還是堅持要我「本人」立刻去廚房倒一杯水給她。礙於手邊還有結帳到一半的客人，且距離我應該要賣免稅品的路線還有一大段，實在走不開，我便請這位小姐稍等，先請同事幫我去廚房拿水。

沒想到這位小姐繼續在走道上對我咆哮，音量大到連對面走道的客人都被驚動，說實在那時候的我已經聽不懂她到底在咆哮些什麼。好不容易結束了免稅品的任務，進了廚房，我真的覺得委屈，還默默哭了。除了失戀，這還真的是在飛機上為了工作的唯一一次掉淚。

當然也有超暖心的乘客

在飛機上每天遇到形形色色的人好多好多，當然也有讓人覺得暖心的乘客。有很可愛的阿姨在我賣免稅品的時候，問我用哪一個牌子的口紅？我都用哪一款的面霜？為什麼皮膚看起來油亮油亮很漂亮？我童叟無欺地跟阿姨說：「其實是我太忙沒時間補妝，臉出油啊！阿姨！」我非常享受和客人間的良性互動，這也是會選擇這個工作的最主要原因。

不過,要另外跟大家說的是,除了各大節慶固定的促銷外,我們賣免稅品真的很難另外提供什麼折扣,因為真的有好多乘客會說:「我認識你們公司的誰誰誰,幫我打折。」有的是說:「上次買 2 件有打 8 折,為什麼這次沒有?」殊不知 2 件 8 折其實是另一家航空。如果我有這個權限我當然願意讓大家都打折,畢竟大家都開開心心有何不可?但無奈小小空服員真的沒有這個權限啊!

有時遇到莫名委屈的狀況我都會想,也許這位客人當天上飛機前受了什麼委屈,盡量將心比心,最後都會勉勵自己要對其他服務業的同行朋友更友善。對於我而言,光是在這樣的環境裡獲得到無形的經驗和值得學習的東西就大過於實際薪水的報酬,不管是察言觀色,或是面對奇人異事的應變能力,大概是我在飛機上獲得最寶貴的東西了。

長航段:較長的飛行航班。
#order 單:通常學姐會把自己負責區域內客人要買的免稅品寫在小 memo 上,交給賣免稅品的組員。
賣菸酒:是空服員之間對於賣免稅品的統稱。不過,也不是所有的商品都在同一台車上,通常大車會賣精品、香菸和酒,短的小車會賣化妝品。

察言觀色，誰不對勁一眼就明白

沒錯，空服員偶爾會幫忙抓小偷

果不其然，後來那一區的客人急忙跑來告訴我們，他包包裡的大筆現金不見了，而且包包有鎖，但是被破壞了。

這年頭空服員不但要提供服務，照顧大家的吃喝拉撒睡；有時還要當保姆、護士甚至還要抓小偷。畢竟平地有小偷，機上當然也有小偷，以前自己當客人搭飛機時就算離座去洗手間，包包也直接放在前座椅子底下或行李櫃上，我原本就屬神經很大條的個性，加上覺得眾目睽睽之下沒有人敢偷東西吧！但實際上就是有扒手在飛機上。

被事先提醒，因此格外警覺

這是一個從印尼飛回台灣中停香港的航班，這個航線早就被通報有很多犯罪偷竊集團會上機行竊，因此，空服員還要眼觀四面耳聽八方，對那些沒有攜帶隨身行李的人都會特別多看幾眼。這天在登機的時候，看到幾個前幾天搭我們飛機到印尼的人，因為同一班的組員會在印尼停留一天左右，再從印尼飛回台灣，剛好又遇到我們同一批組員，再次看到的臉孔我們當然會注意，在這麼短時間來回的乘客，八成是商務客人，但空服員直覺告訴我（露出柯南的眼神）——這些人看起來實在是不像商務客。

起飛以後大家一樣開始我們的服務流程，提供飲料、點心的服務，接著賣免稅品，然後用餐，中間有些許空檔，大部分客人都在睡覺、休息、或是看電影，我走在客艙巡視順便收拾垃圾的時候，剛好看到一個客人坐在座位上拿包包裡的東西，同時他也注意到我在看他，他拿出了一包口香糖前後端詳了一下，然後打開吃，實在是很可疑啊！如果自己的包包裡有口香糖，會露出狐疑的眼神彷彿不知道這包是什麼東西嗎？而且我發現他換了衣服，「李組長眉頭一皺覺得不單純」，立刻報告資深的大哥，告訴大家要注意他，果不其然，後來那一區的客人急忙跑來告訴我們，他包包裡的大筆現金不見了，而且包包有鎖，但是被破壞了。

我們立刻詢問那位早就被我們鎖定的人，為什麼翻別人包包裡的東西，他可能是偷竊集團的新手，立刻露出緊張的神情，並且說是包

包太像是他自己的。早就耳聞這些人都是一組一組的犯罪集團，至少會有兩個以上的同黨一起上飛機，A 偷了以後可能早就把東西交給 B，但沒人知道另一個 B 是誰，只能合理懷疑另一個前幾天跟他一起搭同一班飛機的人，正好他們交談又被組員看見，最後我們在空中就通知了香港航警。

空中聯繫航警，降落立刻逮人

降落香港以後立刻進行廣播，所有客人留在機上不能下機，我第一次見識到香港警察的魄力，立刻有幾個彪形大漢上機，把 2 位嫌疑人帶走，最後他們發生什麼事我們也不曉得，據說還涉嫌運毒。

但大家一定疑惑，到底為什麼偷竊集團要花這麼大成本上機偷竊？第一，有時候我們的機票真的非常便宜；第二，印尼可能是他們犯罪集團的據點，除了偷竊以外可能還運毒，而且印尼華僑很喜歡帶大筆現金在身上，特別好偷，不只這個航線，有時候他們也只飛香港，可能因為機票比較便宜，加上大家出國玩可能心情很放鬆，不會有強大的警戒心。

除了這種竊盜集團以外，還有另一種是拿著偽卡上機購買高價品的，因為機上的信用卡機器沒有網路連線，很難確認卡片真偽，如果最後交易成立，倒霉的是那位售出免稅品的可憐空服員，所以這年頭空服員要抓賊還要會分辨信用卡真偽，實在需要擁有很多內建功能啊！

總之提醒大家搭機出門不管是什麼航線，要離座甚至熟睡的時候，除了起飛降落以外，放貴重物品的包包一定要記得放在視線範圍內，現金被偷就算了，護照掉了就非常麻煩的啊！說到護照被偷，就要繼續看後面篇章中我的慘痛經驗了。

我最喜歡的空服員 Duty 視野。

香港班27排DEFG

一天之內看盡生死離別

當空服員久了，飛機上的人生百態看得很多，但那一趟「台北-香港」來回，卻讓人很揪心。

記得有一次香港來回班，我剛好坐在對面有乘客的空服員位置上。視線右前方的隔板前第一排，是一家幸福的家庭。通常我們在坐下後，不免會跟乘客有視線上的接觸，偶爾也會稍微寒暄一下。因此知道爸爸、媽媽要帶著八歲的小朋友去香港迪士尼玩，小朋友藏不住臉上興奮的神情，非常開心說著這是他的生日禮物，要去迪士尼樂園找米奇！那份快樂連我也被感染了。

去程的乘客在香港下機後，來回班的機組員是不會下飛機的，就在機上準備下一段飛回台北的前置作業。這時候香港地勤阿嫂上來清理客人使用過的座位，同時香港餐勤也會在這時候上新餐點，準備

迎接下一段航程的新乘客，在這段時間裡，座艙長也會拿到新的客人資訊，包括一些特別需求的旅客。

同樣的座位，不同的生命故事

這時座艙長召集了大家，告訴我們等等會有一組比較特殊的旅客，是帶著骨灰上飛機的旅客，正巧坐在我的 Duty Zone（負責區域）需要我特別注意。像這樣的特殊旅客我們是有一定流程的，通常會先登機，安置好骨灰以後再讓其他乘客登機，按照流程安置好後，才會開始了其他乘客的登機。

我永遠忘不了那一家人從登機門上來時候的哀戚表情，一位年約三十歲左右的短髮女子，戴著眼鏡捧著骨灰上飛機，後面跟著兩位年長的長輩。整趟航程中女子低頭不發一語，我一直想著如何可以讓她心情好過一點，但礙於一個空服員身份，我只能保持一些距離在心裡祝福她。突然，她開口詢問我能不能有素食餐，因為她不想吃肉，我立刻將我的素食組員餐給他，只看到她動了幾口，便開始默默掉眼淚，一旁的長輩看得出來也非常悲傷，但不忘一直叫她喝點水、吃點東西。

後來才知道，他們一家人為了慶祝新婚到香港玩，夫妻和公婆四個人。結果不慎在香港路邊發生車禍，先生被車撞了以後飛出去被路邊的柵欄刺中當場身亡，光是聽到這個故事都非常痛心，可想而知他們家人的苦，恐怕也是久久無法散去的沉痛陰影吧！

空服員工作的珍貴回饋

27 排 DEFG 去程坐著一家人，小朋友的新生生命對這個世界充滿了好奇和活力，同樣的座位，回程坐著的是心碎的一家人。「台北 - 香港」90 分鐘的航程，來回短短的航程，幾乎是看盡生離死別，有新生、有生命的消逝，雖然不免還是覺得老天爺給人的苦難歷練太過殘酷，但每一次在航程中的起飛、降落都讓我更珍惜現在所擁有的。

#Duty Zone：每個空服員都會有負責的範圍，畢竟機艙那麼大，從前頭走到後面，也是要花點時間的，分區服務可以讓大家都能有最好的品質。
餐勤：各場站當地負責上餐點的人員。

空服員比你們更想下飛機
大雪中，我們困在機場滑行道 9 小時

我想說沒關係！都降落了，機場就在旁邊了，一定沒問題的，殊不知這才是惡夢的開始。

空服員一直都是突發狀況很多的職業，所以每個月班表出來其實都只是參考而已，我自己就遇過火山爆發、機場淹水、大地震等等種種天災困在當地走不了的或是人禍造成的突發狀況，對我來說都是見怪不怪，尤其在冬天的歐美，經常因為下雪造成延遲，就像我記憶裡印象超深刻的一班紐約。

已經降落，但卻下不了機
記得那時正值新年，我們這整組組員正要從冰天雪地的安克拉治準

備飛到也是超冷的紐約，接車前就聽說甘迺迪機場有些狀況，要大家有心理準備，先把盥洗包從托運行李拿出來放在隨身行李裡面。聽說大雪讓機場周圍的交通大亂，加上甘迺迪機場地勤人員罷工，人力嚴重不足，相信大家都知道甘迺迪機場是班機起落非常頻繁的大機場，每一班落地甘迺迪機場的班機貨艙都必須由人力打開貨艙取出行李，除了新年期間人力不足以外，大雪也減慢了機場運作的效率。我們原本要從安克拉治起飛延遲了 2 小時接車，最後終於收到通知載著滿滿的旅客們前往紐約。

那天的飛時我記得大概 6 小時 30 分左右，從安克拉治飛紐約算是很快的了，那一班航程跟往常一樣，乘客組成大多是臺灣人和越南人加上少數的歐美人士，因為新年的關係大家帶了很多年貨、禮品，行李比往常還多，但還算是順利，甚至還在機上還看到了象徵幸福的極光。直到要降落紐約前，我們帶著忐忑的心一直希望可以順利，降落以後，我們默默鬆了一口氣，結果飛機降落後還在滑行，便聽到座艙長打了通全機通話系統，接起來以後座艙長說，甘迺迪機場因為航機擁擠，我們目前沒有 gate 可以停靠，要先在滑行道等待，我心想沒關係！都降落了，機場就在旁邊了，一定沒問題的，殊不知這才是噩夢的開始。

座艙長通知組員以後，接著聽到的就是機長對乘客的全機廣播，機長說我們接獲塔台指示需要在原地等候 15 分鐘，這時候客人們都還很能諒解，大家都很冷靜的待在自己的座位上，15 分鐘真的算短，

我們也一樣坐在自己的 jump seat 上等候，過了 20 分鐘以後又聽到機長廣播，說塔台並未給我們進一步的指示，於是要在原地繼續等待，客人們依然非常有耐性，靜靜坐在座位上做自己的事，我們便起身準備服務客人茶水，過了一陣子又聽到機長廣播，塔台指示需要在原地繼續等待 1 小時，這時候機上的客人已經開始有點不耐煩了，畢竟都已經降落了，大家歸心似箭。

連續的工作，快 24 小時沒闔眼

後來機長廣播了好幾次的 1 小時，每一次的廣播空服員們都承受很大的壓力，因為明白一直在滑行道等待，客人們一定會不耐煩，但我們無能為力，因為機場不給指示，我們根本無法回答客人什麼時候可以下機，每一次飛機開始緩緩前進，乘客和組員們就小小雀躍了一下，然後又是繼續無止盡的等待。從安克拉治飛到紐約的飛時才 6 個多小時，但我們在甘迺迪機場滑行道上等待了 9 個小時半，在這過程中我們不斷服務飲料和食物，最後全機的飲料都用完了，連水箱的水都快沒了，只好暫停提供熱飲，最後客艙的電力也非常微弱，全機開的是微弱的小燈。

但我至今還是認為，我在那個航班上非常幸運，9 個半小時的漫長等待，所有組員都非常努力完成自己該做的事，而且互相幫忙，全機的乘客也都非常有耐性，幾乎沒有人抱怨！這是非常神奇的事，一般飛機只要延遲超過 30 分鐘就會有乘客不高興，畢竟時間寶貴，那一班的客人卻都非常善解人意，只有一個台灣人來到我們忙得焦

頭爛額的廚房叫囂，說再不讓他下飛機他要鼓動全機暴動。說真的那時我們根本沒時間處理這個旅客，更何況我們在飛行前班機狀況一直異動，在報到前 6 小時就醒著開始 standby，忙到那時候其實組員比乘客更想下飛機，但機場沒指示我們怎麼可能有動作？組員當時能做的就是照顧好旅客的需求，但不包括下飛機這件事，因為這真的不是我們能控制的，當然也不是機長能控制的，最後我們真的無瑕理他，他摸摸鼻子就回座位了。

最後終於輪到我們飛機靠 gate，我覺得這個夜晚太漫長，那個航班的所有客人除了那位要罷機的台灣客人以外，其他全部都非常非常好，很體諒組員，很多客人在下機經過我們的時候對我們說：「辛苦了！」當下我真的累到眼淚要飆出來，快 24 小時沒闔眼，忙到幾乎沒有坐下，只能用靈肉分離來形容那趟的辛勞。最後助理座艙長還送給所有經濟艙組員新年紅包慰勞大家的辛苦（以往我們的慣例都是農曆過年才有喔！）所以那次的國曆跨年我們也都得到了紅包，雖然金額不多但是非常暖心，而且遇到很棒的客人們，覺得一切都值得了。

最後，連行李都是隔天才送來

後來進了機場，發現整個機場非常混亂，因為航班大亂的關係，很多接著要轉機的乘客行程都被打亂了，很多席地坐臥睡覺的旅客，還有一群人圍著地勤問問題，想必那時的地勤人員也是壓力無比大，覺得他們真的辛苦了！我們按照慣例，降落以後也跟乘客一樣到行李轉盤等行李，聽地勤說行李可能不會出來，一行人不放棄，還是在轉盤旁邊等待，轉盤一轉我們彷彿看見沙漠中的綠洲，結果行李出來發現是前天那班的行李，因為機場運務人員罷工加上大風雪，光是打開貨艙就要花非常多時間，根本沒有人力可以處理，於是我們全組組員只能先回飯店，還好座艙長出發前提醒大家要先把盥洗包拿出來，結果卻發現忘記把便服先拿出來，那天晚上我是穿著制服累倒在飯店的。

好險隔天中午我們的行李就送來飯店了，終於可以有換洗衣物和生活用品，結束了我們超困苦的紐約班，當時覺得好苦，現在想想其實也很感謝，感謝那時的客人們還有組員們，後來再跟那趟的組員一起飛，飛到我們彼此都有了革命情感，畢竟飛時才 6 小時，光在跑道上就等了快 10 小時，大概是組員和客人人生中唯一一次的難忘經驗了吧！再次感謝當時跟我們一起共患難的乘客們，你們好棒！謝謝你們。

(#gate：登機門)

用危機換來對生命的感恩

飛機異常時，空服員在做什麼？

老實說我腦中跑了好幾圈人生跑馬燈，突然覺得生命好無常，前幾天怎麼還在計較一些無聊的小事？

記得那是一個越洋航線從外站飛回台灣，從哪個外站起飛我已經忘記了，經常長班回來落地都是台灣的凌晨，那天一如往常，依然有人因為選不到想吃的中式稀飯被迫只能吃西式炒蛋而生氣，在客人用完第二頓早餐零零落落的聲音中，聽到一聲 interphone（機上通話系統）的聲響，是從駕駛艙打給座艙長的，通常沒什麼大事，大概就是機長想上廁所就會需要打電話出來請一位客艙組員進駕駛艙這樣，結果那天座艙長從駕駛艙出來以後，立刻再撥了 interphone 給助理座艙長，說是接到從駕駛艙傳來的重要訊息，需要助理座艙

長立刻到前面的廚房開會。

除了專業準備外，更重要的是心理準備

座艙長一從駕駛艙出來就跟助理座艙長解釋了現在的狀況，機長說從儀表上看見了異常的警示燈，等等降落台灣桃園機場的時候可能有幾個程序要啟動。那時我們還不知道發生了什麼事，只見助理座艙長一臉凝重走到經濟艙，召集了所有經濟艙組員，跟大家說機械出了點問題，發生異常狀況，等下降落可能因為過度摩擦會產生火或是煙，要組員們先做好心理準備（mentally preparation）。

在組員的訓練裡，對於所有的異常狀況處理都必須熟練到變成內化在體內的反射動作，例如：在客艙發現有火，第 1 位空服員就必須呼叫第 2 位空服員，第 2 位空服員要負責通知前艙報告狀況，第 1 位空服員要確認火源，然後進行打火程序。那天的異常狀況是我們任何人都沒遇過的，座艙長立即叫大家拿出手冊再次複習。我們這些負責門的空服員回到自己的負責區域把緊急逃生出口附近的行李全部淨空，負責廚房的組員就回去把所有東西提前收好，大家心裡都有個底，也許降落的時候會起火，同時前艙也事先通知了桃園機場。

到現在我都還記得那一次的降落約莫 15 分鐘的時間，我腦袋異常清醒，想著等等如果發生緊急狀況的逃生標準流程，外面是水的話我的門把放 flight 還是 park ？該怎麼樣第一時間發動逃生？逃生該拿的設備在哪個位置？記得當時 jump seat 旁坐著的另一個學姐，她臉

色發白，緊握著我的手說，那是她留職停薪前的最後一趟，真的很怕會發生什麼事。我回握著她的手，安慰她說：「不會的，放心，我們就做該做的就好。」實際上我講這句話的時候，自己心裡也在發抖。

一降落，立刻打電話回家

飛機快接觸地面的那幾十秒，我望著窗外，除了等下可能遇到的逃生程序以外，老實說我腦中跑了好幾圈人生跑馬燈，突然覺得生命好無常，前幾天怎麼還在計較一些無聊的小事？那些小事在生死面前一點都不重要了啊！放輪幾分鐘後，終於降落了，看著桃園機場已經準備了好幾台救護車和消防車在等著我們飛機，好險降落以後什麼事都沒發生，我們盡快讓乘客下機後，我們也用最快的方式離開飛機。

其實我的空服生涯中在機上出現的人生跑馬燈不只一次，記得有一次我還很菜，剛上線飛沒多久，忘了是什麼航線，那時候賣免稅品是賣到降落，忙到沒時間吃飯，一直到要降落都還沒有任何異狀，直到客人都走完以後，剩下組員們在收拾自己的行李，聽到大姐還是座艙長的全機廣播，要組員們用最快速度儘速收完行李後下機，那時還傻傻地覺得為什麼這麼趕？後來才知道前艙發現疑似漏油，但無大礙，還是安全降落了。

在那幾次安全降落以後，我彷彿一夜長大，一降落立刻打電話回家，

回到家最想做的第一件事就是寫一封遺書，告訴我周遭的家人、愛人、好友們我有多愛他們，人生太無常，真的沒人知道下一秒會發生什麼事，後來的每一天我想到這件事，都好感謝好感謝我現在擁有的所有，這大概是我在飛機上用生命體會到的禮物吧！

(#flight-park：門把的位置，用來控制逃生門打開時充氣滑梯的狀態，不可不謹慎。)

颱風天，宛如大怒神

勉強起飛的班機，你真的敢搭嗎？

光是從家裡出發到公司報到，這路上就可能要冒著狂風豪雨、涉水而過，好不容易到達報到中心後，還要想辦法讓自己回到帥帥美美的狀態。

Happy Landing，是我們在公司每天遇到同事打招呼最常說的一句話，這句話裡短短一句，但卻是我們給予對方最大的祝福。每到颱風天，就會看到新聞媒體大家在吵飛機到底要不要飛？雖然我了解機票和假期都是早早計畫好的，飯店也都訂了，但說真的，勉強起飛的飛機你敢搭嗎？

颱風天飛行，就像加長版大怒神

記得好幾次颱風天飛行的經驗，該怎麼形容好？就是像在遊樂園坐

大怒神一樣，但是遊樂園的設施只有一瞬間，颱風天的飛機則是連續幾十分鐘的大怒神，無奈的是，機組員沒有決定飛不飛的權力，我們只能乖乖去飛。這種天氣狀況想當然爾一定會有很多突發狀況，時間延宕導致工時延長是家常便飯，通常颱風天要上班的機組員都會未雨綢繆帶著過夜包，以免從當天來回班變成過夜班，我們有個小小的傳說，聽說只要當天航班上有人帶著過夜包，就不會被迫過夜的狀況，至今還算很準。

記得有一年的颱風天飛行，我在走道上拿著咖啡壺，飛機飄來飄去、上上下下的，我都覺得自己可以去應徵李棠華雜技團了，因為在走道上根本連站都站不穩，但因為飛時很短，該做的服務流程還是要做，我都很擔心萬一一個不穩，熱咖啡潑到客人該怎麼辦？同時還不時有服務鈴叫我們過去給他一杯可樂，順便抱怨為什麼等這麼久？因為太晃，我們根本無法離開組員 jump seat，而且其實我很擔心——晃成這樣，乘客在這時候喝可樂有辦法不灑出來嗎？

已經離開台灣到韓國飛行的 Phil 教官，曾分享過一篇關於文章讓我很有共鳴，好像台灣的航空公司都認為空勤人員，每個人都有瞬間移動的能力，因為光是從家裡出發到公司報到，這路上就可能要冒著狂風豪雨、涉水而過，好不容易到達報到中心後，還要想辦法讓自己回到帥帥美美的狀態。排除萬難到了機場後，更不用說桃園機場多愛淹水了……這時候一定又會有人說：「那你可以請假啊！」但請假苦到的就是當天待命的組員，總之大怒神就是一定要有人

飛，已所不欲勿施於人，除了颱風當天取消航班，一般有義氣的組員都還是會照原本班出勤的。

搖晃時，盡量別按服務鈴

報到後，客人還沒上飛機前，我們一樣進行例行的地面準備工作，只是通常颱風天時，停在地面的飛機也會搖晃得像地震一樣，為了準時起飛，空勤人員還是必須在搖晃的飛機裡，試圖讓自己準備的東西不要移位，給準備登機的乘客最好的服務。

若亂流當下沒有急事，希望大家不要在飛機非常搖晃的時候按服務鈴，因為空服員起身服務時，有可能在下一秒鐘，因亂流而受傷，更不用說可能在遞送飲料給你的時候，直接打翻在你身上。也希望大家盡量不要在那時候買免稅品，免稅品車也可能會因亂流而飛上天，落下來時擊中大家，通過最危險的亂流區後，其實機長都會通知空服員，我們就會繼續服務的。

雖然現在我已經是一個退役的空服員，但每次颱風天看新聞、看以前的同事好友們的社群軟體說颱風天要飛的時候，都非常替他們擔心，希望公司和民航局在決定要不要放飛的時候，可以以最高的安全限度為標準，讓所有在颱風天必須工作的人們，每一趟飛行都能 Happy Landing，乘客也可以安心搭乘。

黃湯下肚，錯把機艙當酒店

是最高級別的貴賓，還是奧客？

會吵的孩子有糖吃，這是我在服務業多年的經驗，最看不慣的現象。

又是一趟一如往常客滿的美國班，從商務艙滿到經濟艙，在登機前我們就會先拿到名單，先幫貴賓準備他們習慣看的報章雜誌、備品等等，那天我上機後按照慣例看了一下我負責區域的客人組成，有幾個小朋友？有幾個需要協助的輪椅旅客？還有幾個特別餐？當然最重要的是看我的 zone 有幾個高卡別的貴賓，也就是 MVC，看到名單上顯示一個最高等級貴賓坐在我們的豪華經濟艙（PY 艙），前幾趟服務這位貴賓的組員留下的註解，只寫了一句：「請謹慎提供酒類。」非常含糊，也沒人知道這是什麼意思，然後就迎接客人登機了。

有吵有糖吃，貴賓得寸進尺

客人就坐以後，我們會開始服務，例如：發玩具、拖鞋、盥洗包等等，當然還包括跟貴賓致意，那天的貴賓不多，就由助理座艙長做了這件事，一切都很正常，直到我們提供飲料服務的時候，那位坐在豪華經濟艙（PY艙）的高卡別貴賓要求要喝商務艙的酒，當時豪華經濟艙提供的酒類其中有一支就是商務艙的紅酒，傳遞給他以後，他非常不客氣的說：「我要的是商務艙的另外一支酒。」但實際上貴賓坐的艙等並不是商務艙，這對空服員來說其實是很為難的，以航空公司的角度，如果每個人都坐經濟艙卻要求商務艙的東西，是否分艙等就沒什麼意義？以買商務艙票客人的角度來看，是否也不公平？

我婉轉告知豪華經濟艙提供的一樣是商務艙的紅酒，但貴賓當時堅持要另一支商務艙紅酒，我們只好到商務艙去跟前面的資深學姐要了一杯法國紅酒，後來這位 MVC 又陸續要了好幾杯，前面服務商務艙的組員實在是已經沒有辦法再給我們了，因為商務艙客滿，法國紅酒卻被我們豪華經濟艙客人喝了半罐，學姐也很為難，告知我們不要再去拿了，我回去婉言告知貴賓以後，他指著我大罵，然後這位貴賓看了我的名牌，就說認識我們的高層要客訴我，對服務業而言，客訴當然是不好的事，但我按程序做事，我不覺得自己應該為此感到害怕。

後來我告知助理座艙長這件事情以後，助理座艙長當然是先去了解客人的狀況、安撫客人的情緒，並且再次提供他要的酒，我認為助

理座艙長的出發點是好的，希望可以讓客人開心，讓組員也可以好過，但我不是很能接受他當時的處理方式，就是提供更多的商務艙的酒給這位貴賓，喝了法國紅酒、藍標 Johnny Walker……總之像是空中免費酒吧，喝到飽以後，貴賓終於心滿意足，會吵的孩子有糖吃，這是我在服務業多年的經驗，最看不慣的現象。

出手騷擾，忍無可忍向上呈報

因為是越洋航線，用餐以後就會關燈休息，組員也會輪流休息，當時這位貴賓因為要什麼有什麼，龍心大悅，來到我們的工作廚房跟助理座艙長聊天。我剛好站在旁邊，他說著以前搭飛機組員還會送他酒帶走（實際上我不懂為何之前的組員要送他酒？），說他從來沒遇過拒絕他要喝商務艙酒的組員，然後突然轉頭對我說：「我剛在機場隊伍中就看到你了，怎麼臉這麼白？」老實說我不曉得怎麼回覆這個問題，加上其實我並不想跟這位貴賓聊天，隨意搪塞幾句：「可能我貧血吧！」貴賓便開了一個無聊玩笑，說等我昏倒要抱住我。

老實說噁心的人我遇過不少，大風大浪也都見過了，這就是個無聊的玩笑沒什麼，後來剛好助理座艙長要去輪休，廚房剩下我跟他兩人，就這麼短短幾十秒的時間，他突然一個箭步上來，從我的臉摸到脖子，我當下嚇傻並退後一步，從來沒想過有人會做出這種動作。我立刻去向座艙長報備，剛好遇到前艙教官，教官一聽立刻大怒說：「在我的航班，不允許組員被這樣對待。」立刻以亂流為理由，廣播請客人回座，但貴賓依然在我們工作區域的廚房裡向其他組員要酒喝，因

為這位「貴賓」已經做出踰矩的行為，座艙長認為不應該再提供酒精性飲料給客人，於是我們停止供應。沒想到他卻跑到商務艙向高艙等組員繼續要酒，還真的把天空當成免費酒吧，負責學姐表示沒有辦法，「貴賓」竟然趁四下無人撫摸她的手，並且同時懇求學姐給他酒，當時她也是嚇了一大跳後退了一步，立刻報告座艙長。

座艙長知道貴賓騷擾了兩位組員以後，立刻對他發出警告，拿出我們制式的警告函，告知如果他再繼續下去會有法律責任，沒想到貴賓變本加厲，不斷威脅座艙長要跟公司高層告狀，讓他座艙長的位置不保，甚至跑到接近駕駛艙門口大吵大鬧要求機長出來理論，並且一概否認他並沒有騷擾組員。

一見航警，老虎變小貓

其實我非常感謝那班遇到的座艙長與機長，他們都是非常有肩膀的長官，大部分服務業的主管其實是怕事的，而且客人永遠是對的，組員的權利其實很少有人在乎。

後來那位貴賓大概知道事情有點鬧得太嚴重了，在機上買了網路，假裝用網路電話打電話給地面的朋友，威脅那位被摸手的組員說要叫人在機場堵她。我身為一個無法接受不公不義的人，知道這件事情以後雖然我感到害怕，但是也無法姑息，告訴座艙長和機長我要叫航警，機長也贊成，於是我們在降落桃園機場以前，就通報航警在機邊等待這位貴賓。

沒想到貴賓一見到航警整個人從老虎變小貓，我們幾個相關組員拖著行李就跟著到航警局做筆錄，當時遇到的航警說這種沒有證人也沒有證物的性騷擾案件很難成立，希望我們原諒他，但，如果道歉有用還需要警察幹嘛？

我想著如果今天我們又姑息他，接下來還會有多少組員要接受這種騷擾？把機艙當酒店？只因為他是我們公司最高卡別的 MVC，所以沒有人敢反抗？想起當時拿到這位貴賓的資料寫著「請謹慎提供酒類。」這種非常隱晦又不知所云的筆記，想必這種狀況之前一定發生過，這種藉由權力騷擾組員的事情我無法接受，於是在我決定提告以後，這個案件進入司法程序。

老實說，在開庭前我很害怕，也很擔心是不是會再見到這個人，會不會有人身安全的危險？但我要在這邊想呼籲所有受過騷擾的女孩們不要害怕，性騷擾案件的開庭是分開偵訊，不用擔心再次見到加害人。

最後，大家一定很好奇這位 MVC，所謂航空公司把他列為最有價值的貴賓 Most Valuable Customer，在貴賓資料庫裡是否有被除名？當然沒有，即便是性騷擾組員成立，他依然是 MVC 名單裡的一員，最後只能祝福其他組員們自求多福了

#MVC：Most Valuable Customer，最有價值的顧客，通常依照搭機頻率、哩程、身分來認定。

機艙外的大小事
Chapter 3

不在飛機內時，空服員們都在做什麼？

「請假？你病得多重？」
「有關係，就是沒關係！」
「飯店房間鬧鬼啊！」

穿梭在世界各大城市間，
空服員的生活就像旅人，
但我們可不是真正的旅行者。

航空界零負評座艙長

大宅門中，不一定都是壞人

其實那時候我們沒人知道他下車是幹嘛，結果老師提了三袋食物上來，他下去買晚餐，順便也幫我跟司機大哥都準備了晚餐！

我常說航空界很像宮鬥劇，從資歷來看，最資深的學姐通常是打 1L Duty 的皇太后，有時候座艙長比她資淺，還要敬她三分，如果說 1L 姊是皇太后，座艙長是皇帝的話，最資淺的組員 4R 就是婢女啦！但宮鬥劇裡面當然不全是壞人，本來這個世界就沒所謂純粹的好或是純粹的壞，就算那些換了位子換腦袋的奸臣也一樣，個人修為好壞而已。

換位子換腦袋，鞋子也能被找麻煩

其實「大宅門」裡還是有很多、很多好人，跟大家分享一個我非常尊敬也非常敬佩的前輩，他是我唯一一個看過在大宅門裡換了位置沒換

腦袋的管理階層。先形容一下外表，我稱他為「航空界梁朝偉」，不太高但是很帥！主要是老師的笑容很有感染力，以前剛上線他是我們的空服教師，同時也是座艙長，偶爾也會跟我們一起飛，後來變成管理空服員的長官，但就因為他人太好，在那似容嬤嬤的位置沒有辦法待很久。

宮鬥劇內的容嬤嬤都是這樣演的，你不狠，就等著被別人踩掉，世界是個叢林，很險惡的。基本上心狠手辣的人才有辦法完美演繹這個角色，但這位老師是個厚道的人，所以後來很快從容嬤嬤角色退位了。

到底為什麼我會對老師這麼尊敬？不是因為他長得像梁朝偉，而是我一直記得很久很久以前……我那時的容嬤嬤是位人見人怕的女子，有一次不幸跟她一起飛，她平常是不太飛行的，但偶爾會突然出現在航班上，監督航班上所有人。記得走在機場過海關的時候，她突然走到我後面，拉住我說：「為什麼妳的鞋子這麼鬆？」我感到相當疑惑，因為我穿的是公司發的制鞋，於是回答：「可能穿一陣子了，自然就鬆了，而且我還墊了鞋墊。」最後回去她因為鞋子太鬆而寫了我報告，叫我 3 天內去複檢……。

制鞋的規定是這樣的，在半年或一年時換領一次，每人能領的數量有限，突然叫我 3 天之中找一雙新鞋，我又不是灰姑娘，超無奈啊！老實說，當時我不知道我做錯什麼，我腳上穿的是公司發的制鞋，我按程序守法規（這是大宅門最愛喊的口號）鞋子自然穿鬆了，婢女到底

錯在哪？

愁苦中遇救星，暖男老師伸援手

那天下班累得要命，但我更擔心我的鞋！愁眉苦臉的，剛好遇到大宅門梁朝偉跟我同一台交通車，梁朝偉便跟我聊了幾句，關心一下我飛行的近況，我就順便跟他說我的「灰姑娘鞋太大」的故事，因為我實在不知道該怎麼處理，外面又買不到一模一樣的，回去複檢根本一定不會過關，梁朝偉二話不說就看著我說：「這樣啊！那妳明天上班來辦公室找我，我帶你去換鞋！」

老天爺啊！你們或許不知道，只是一雙鞋而已，我為何會如此感動？因為這鞋對我來說超重要！我如果順利換了雙鞋，那位可怕的長官就沒有其他點可以靠 bay 我了啊！

而且當天在車上剛好是晚餐時間，經過一家麵線，突然梁朝偉問司機大哥：「大哥你下個接送單時間緊嗎？」大哥回：「不會啊沒單」。老師看了我一眼，我就說我也不急。老師說那可以讓他下車耽誤一點點時間嗎？其實那時候我們沒人知道他下車是幹嘛，結果老師提了 3 袋食物上來，他下去買晚餐，順便也幫我跟司機大哥都準備了晚餐！這叫人能不感動嗎？！因為老師在車上言談過程中知道我自己住，擔心晚餐時間我家附近沒東西吃，也擔心接車大哥一直在接送沒時間吃晚餐！所以乾脆買了晚餐請我們吃，令人感動到融化！

深宮內，好人無法久待

在線上飛我從來沒聽過任何人批評過老師，零負評！空服員都愛偷偷排名，好人榜裡一定有他！但這種好人當然沒能在大宅門待太久，後來就優退了，晚進來的弟弟、妹妹們沒機會遇到他真的好可惜！他真的是大宅門裡我看過唯一一個始終如一、換位子沒換腦袋，對人總是非常友善，非常善良待人的一個座艙長。

後來過了好久，又在交通車上遇到老師，我請他喝了一杯咖啡，他一直說我怎麼這麼客氣，我心想他應該忘記之前他幫了我好大的忙！一杯咖啡算什麼啊！

最後一次跟他飛的時候，他也是 S flight（他是 supervisor 的角色）不像容嬤嬤上來就是找組員麻煩，什麼都可以挑惕，就連你周遭的空氣和你的頭髮太乾都可以寫你報告，老師那趟是認真聆聽每一個組員對那個機種的建議（因為很多機種工作起來超級不便）也把當班的組員和客人逗得很樂，我跟他說我的書要把它寫進去，他直說太榮幸了，我心想怎麼會？！我能遇到他才算幸運，他就是一個這麼謙虛、這麼好的人。

後來老師離開大宅門去了哪裡？眾說紛紜，有人說退休去對岸陪家人了，有人說去別的公司，總之不管去哪裡，我都深深祝福老師，也再次感謝老師對待每一個人都這麼好，總是留下溫暖給我們。

#1L Duty：通常是全機最資深組員。
#4R Duty：通常是全機最菜組員（視機型不同會調整）。
#S flght：supervise flight，平常坐辦公室的長官偶爾會參與飛行，主要是看看線
　　　　　上飛行工作狀況。

環遊世界飯店專家

停留時間不長時，只來得及認識飯店

我就有好幾次在美國苦等早上麥當勞開門，第一個奔進去買早餐，還聽說同事餓到吃飯店為咖啡準備的糖包止餓。

大家都說空姐可以環遊世界，有時候我覺得說是環遊世界的飯店還比較恰當，很多班在外站的休時其實都不太長，久而久之對飯店的枕頭和床還比較有感情，默默就變成飯店專家了。

時差造成的飢餓，苦等麥當勞開門

但雖然自稱飯店專家，還是有凸鎚的時候，記得有一次飛出去嚴重時差，當地是半夜但台灣是白天，我整個人精神超好，一起床就覺得好餓，但外面根本沒東西可吃，記得那個飯店的客房服務（Room Service）貴又不好吃，翻找行李發現還有一碗庫存的素泡麵，簡直像是發現綠洲！超興奮立刻準備泡麵止饑，結果才發現沒帶餐具！

111

只能說很多逆境就是成長的開始（咦？這句話是這樣用的嗎？）這時只好化身生活智慧王，用飯店冰箱迷你吧（mini bar）內的攪拌棒當筷子，雖然有點難操作，但至少可以順利吃到食物止餓。

說到在飯店半夜時差醒來很餓這件事情，大概是全部空服員的惡夢，我就有好幾次在美國苦等早上麥當勞開門，第一個奔進去買早餐，還聽說同事餓到吃飯店為咖啡準備的糖包止餓，有過幾次被餓到的經驗以後學乖了，長班之前我都會去採買一些零食帶著，所以我的行李箱裡一定準備救生包（survival kit），裡面就是一些小餅乾、零食備用保平安，不然半夜餓醒時，外面漆黑一片又沒東西可吃，實在很痛苦啊！

但再怎麼準備周全，人算不如天算，有幾次是臨時被抓飛長班，根本沒東西可帶，半夜又起床挖行李箱的食物，有時候救生包都吃完了，就開始翻工作的圍裙口袋，可能會有些小餅乾，平常覺得很不愛吃的餅乾，此時都會變得非常美味。

學會自保，飯店也不是全然安全

說到住飯店這件事，除了很怕被餓到以外，還有更重要的就是人身安全。大部分人會覺得飯店有鬼很可怕，但有了幾次經驗以後，我反倒覺得人比鬼更可怕。有次在紐約飯店剛好拿到連通型房間（connection room），就是那種跟隔壁房間中間會有一個門的，中間可以打開門連通的房間，通常是家庭房，或是適合朋友一起辦派

對，但如果兩邊住的是不認識的陌生人，就會覺得有點毛毛的。雖然平常門都是鎖起來的，而且不太會有人去碰那個門，但總有例外的時候。

記得那次紐約班降落後已經累得靈肉分離，快速卸妝就洗洗睡了，睡到一半，突然聽見有人大聲搥打門的聲響，我睡夢中被驚醒，發現竟然是從連通的門傳來的聲響，隔壁房間的人不斷大聲搥打然後企圖打開中間通往我房間的那扇門，我嚇壞急忙打電話到飯店櫃台請他們來處理，結果飯店人員說從監視器沒看到有人在走廊，其他房客在房間裡的活動他們無權過問，那時我真的又累又無奈，好險過了大概十分鐘，隔壁沒再搥打房門了，下樓詢問以後得知隔壁已經退房。

這還不是最誇張的，還聽同事說過在歐洲的飯店補眠，睡到一半醒來，看見床邊有人坐著看著他睡覺，而且是真正的人類！雖然好險後來沒發生什麼危及人身安全的事件，但還是夠嚇人了啊！這根本比在飯店遇到鬼還可怕啊！後來我行李箱裡面又多了一種東西叫做門擋，在日本的百元店就有賣了，卡在門縫，外面怎麼樣都推不開的，有些飯店門會有門鍊（chain），但是真的有心要闖入的人，會直接在外面就從門縫斷開鎖鏈，所以防不勝防，如果經常旅行自己住飯店的女孩，我個人很建議可以帶著這個小物，多一層保險多一份安心呀！

我在布達佩斯，掉了包包

護照遺失，等著被記過吧！

匈牙利辦事處的李先生一見到我，第一句話是：「你身上有錢嗎？要不要我先借你？」天啊我簡直覺得他是天使！第一時間關心的是我的情緒和需求。

不曉得大家有沒有去匈牙利布達佩斯旅行過？不得不說，我旅行過歐洲這麼多國家，現在想起來要我說最喜歡歐洲的哪個城市？我可能會回答布達佩斯，雖然我在那裡有這一生目前為止最慘痛的包包被偷回憶。

較長的外站停留，就是一場短旅行

記得那個月班表一出來，覺得自己運氣真好，平常歐洲班都不會讓我們在當地停留太久的時間，但剛好那時候航機調度所以班機減

116

班，排到了一個稍微可以在歐洲待久一點的維也納班，看了一下組員名單剛好有我認識的組員，出發前就先相約了要一起出門，討論過後想想，機會難得，不如就去大家都沒去過的布達佩斯吧！

整趟飛行我抱持著一種愉悅的心情，連客滿的保溫瓶大隊客人們看起來都格外可愛，打完工（在飛機上工作我們都叫打工）以後雖然很累，但心情還是很好，相當期待我們的布達佩斯之旅。出發前我們在網路上就先買好了火車票，當然房間也訂好了，預計第一天先在維也納市區逛逛吃吃飯，隔天一早我們就帶著簡單的行李從維也納搭火車前往布達佩斯兩天一夜之旅，自以為已經是萬全準備，在火車上跟遠足一樣開心。

不料，剛好遇到台灣出下個月班表的日子，班表之於空服員的重要性，大概就是空服員的陽光、空氣、水，火車上四人原本對坐著聊天，突然發現班表出來了，大家立刻開始滑手機換班，因為彼此都是經常旅行的旅人，知道歐洲扒手超專業，所以特別提高警覺，從頭到尾放貴重物品的包包都不離身，另外我們有兩天一夜的行李包，沒什麼貴重物品，只有換洗衣物，所以就放在正上方置物架上，倒數第二站時，我不知道哪根筋不對勁，竟然把自己的手提包包一起放上去，繼續低頭換班，不到 5 分鐘後，我發現正上方的隨身後背包不見了！

包包被偷，連護照都不見

當時我還不敢相信自己的眼睛，因為我們四人對坐，加上火車上幾乎沒什麼其他客人，也沒人靠近我們的座位，包包就這樣神不知鬼不覺，像變魔術一樣憑空消失了！我急忙在整個車廂翻找，完全沒有包包的蹤影，裡面有與台幣二萬等值的歐元現金和一台單眼、一台隨身小相機、一支全新只試戴過一次的 GENTLE MONSTER 墨鏡、在台灣租的 Wi-fi 分享機、我愛的唇膏，當然還有最重要的護照，我心想：「什麼都可以拿，只要護照還我就好」。

同行的組員幫我一起穿梭在整個車廂找尋我的包包，當然最後還是找不到，到站以後只能到車站的警察局報警，只能說布達佩斯的警察對這種事情已經像喝水一樣無感，做完筆錄以後我最擔心的是接下來我要從維也納回台灣沒有護照怎麼辦？同時不想影響其他一起旅行同事的心情，我跟他們說我自己處理就好，請他們繼續他們的行程，但他們非常有義氣！堅持陪我一起面對，我速速打了電話請台灣的家人幫我先掛失我的信用卡，再打電話給座艙長報告這件事，座艙長接到電話第一句話：「你們為什麼要給我找麻煩？知不知道這趟有組長 S flight ？」

當時我們又急又忙亂，根本沒時間聽他訓話，一心只想著解決問題，於是自己打電話到維也納當地的辦公室，不料那一趟剛好台北辦公室的高官去維也納，全辦公室的人都陪著高官出門觀光了，沒人能救我，只好自力救濟。問了以前在歐洲工作的朋友，他請我立刻去找匈牙利辦事處的李先生，打電話去的時候其實李先生已經下班了，但他知道我沒有護照無法回台灣，說可以幫我當急件處理，我們在歐洲火速招了計程車奔往市區的駐匈牙利辦事處，找了這位李先生。

李先生一見到我的第一句話：「你身上有錢嗎？要不要我先借你？」當時我簡直覺得他是天使！第一時間關心的是我的情緒和需求，而且辦護照當然需要大頭照，太臨時了，身上根本沒有這種東西，就算有，也跟錢包一起被偷走了，在布達佩斯要拍證件照又相當困

難。於是李先生說他知道哪裡有，接著他本人親自帶著我穿越幾個街口，找到一台證件照機器，完成了拍攝。當時我們能做的都做了，其他擔心也是於事無補，我是屬於比較樂天的個性，覺得東西被偷了，反正也回不來了，也許小偷比我更需要這筆錢。就算了吧！當布施，但我最捨不得的是相機裡的照片，還有很多幫同事們在維也納市區拍的美照。

辦事處與自家上司，態度天差地遠

能處理的程序我們都辦完以後，我想大家都是難得來匈牙利一趟，時間寶貴，真的不希望影響其他同行組員旅行的心情和行程，反正是木已成舟，我跟同事先借了現金，就繼續我們的既定行程了，中間李先生不斷跟我們來回聯絡，處理護照的一些資料，才幾小時，當天的傍晚李先生就幫我辦好了護照！而且他親自送來給我！當時我們看到他真的感動得要哭了！在匈牙利這種人生地不熟的地方竟然可以遇到這種善心人士，跟當時的組長和座艙長比起來，完全兩樣情啊！

最後回到維也納要飛回台灣的時候，想當然爾，來監督我們那趟航班的組長和座艙長又把我訓了一遍，組長還叫當地場站督導再來訓我一次，還記得我剛上飛機，正在檢查緊急逃生裝備，場站督導氣沖沖的，一上來把我叫過去大罵，並且用手機錄音，我當時心想：該錄音的是我吧？他巴拉巴拉講了一大堆，中間根本沒有我插話的縫隙。等到終於有可以講話的空檔時，我當然是先道歉，畢竟包包

被偷，是我自己倒霉沒有時時刻刻顧好，但講到當時第一時間我回報他們，想尋求協助，但全辦公室的人都出去陪長官出遊了只剩一位接電話小姐這件事，他便立刻把手機收起來，反而不錄音了，忍不住覺得，在這社會上，遇到事情是否人人都是只求自己好，先卸責再說，好險有匈牙利辦事處的李先生。

雖然回台灣以後要處理的後續還非常多，當時座艙長就告知回台北可能會有行政懲處，後來光是 Wi-fi 機器就賠了 5 千塊，還有很多瑣事，但是我還是好愛布達佩斯，覺得這趟旅程非常棒，因為我遇到非常有義氣的組員們還有駐匈牙利辦事處的大好人李先生，讓我的布達佩斯旅程雖然不完美，但是很有愛。

匈牙利很美，2 天 1 夜真的不夠，下次有機會我一定會再回到布達佩斯，若是大家有歐洲旅行的規劃，也很建議大家去匈牙利玩，但別忘了！包包要顧好！一刻都不能鬆懈呀！

日本 311 大地震時,我在東京

天搖地動,彷彿災難片真實上演

突然天搖地動,貨架上的東西全砸下來,聽到很多人尖叫,還有老人蹲在地上哭,完全是災難片真實版。

還記得那年日本的 311 大地震嗎?那天我正在日本。說來奇特,我算是體質特殊,除了怪人吸引機以外,遇到的突發狀況也不少,哪邊有事哪邊去,但是至今關關難過關關過。

本想在飯店補眠,卻遭遇強震

還記得那個航班是我們大家都很喜歡的「台北-東京-夏威夷」,這個班是我用全勤一整年的選班單選來的,平常空服員的班都是派

遣部門排出來的，基本上好班（尤其是長班的好班）很難輪到我們這種平民老百姓，所以我撐了一整年的全勤，就為了拿選班單選這個班給自己一個獎勵，跟當時的男友到日本吃吃東西，再到夏威夷曬曬太陽。

這個班是這樣飛的，台北飛到東京以後就休息快 24 小時，隔天下午再從東京飛夏威夷，這中間的休息時間雖然不長，但也可以讓我們這種只要呼吸到日本空氣就很開心的人過過癮了。大部分的人會搭接駁車去附近的超市和商場逛逛，但那天因為正在跟當時的男友吵架，有點不開心，加上晚上還要飛夏威夷，我就待在飯店補眠。這時突然天搖地動，原本還以為我做惡夢，因為從來沒有搖晃這麼猛烈過，就連當年的 921 我也都完全沒感覺的啊！突然感覺到整個飯店的建築都在搖晃，那間飯店是木造結構，建築搖晃時發出巨大的摩擦聲響，我這才清醒，想說發生什麼事了？感覺房子要垮了！

正準備起來收拾東西，就聽到門外急忙的敲門聲，當時的男友非常慌張地大力敲我的房門，根本沒時間拿其他東西，他就緊急拉著我的手奔向走廊底端的逃生梯，記得我那時住的樓層大概是 5、6 樓，飯店在每一層樓都派了一個飯店人員疏通逃生路線，提醒大家走逃生梯不要坐電梯，一群人跟拍電影一樣奔跑下樓，在飯店大廳一樣也有飯店服務人員叫大家快點跑到外面的空地，大多數人跟我一樣腳上穿的是拖鞋，而且只抓了一件外套就奔出房門了，那時候的日本還很冷，我們就在飯店外的空地一邊發抖、一邊看著飯店建築在

搖晃著，分不清到底是緊張得發抖還是天氣太冷。

打開電視，畫面宛如世界末日

組員住的飯店很靠近機場，有很多不同航空公司的機組員都住在這家飯店，在地震終於搖到一個段落以後，聽到像小時候眷村會有的那種廣播，但是因為是日文，我們也聽不懂，看到飯店人員指引大家回到飯店大廳，但眾人依然不敢回房間，一來是因為餘震不斷，時不時就要跑到空地，再來是我根本也沒來得及拿房卡出來，飯店服務人員在那時水深火熱，我猜想他們也沒空幫我們開門，我們就在大廳坐著。那時才意會到，這次的地震可能真的很嚴重，我看到很多不同國籍的組員，有來不及抓外套的印度籍組員，3 人合蓋一條毯子；角落有 3 人一組的穆斯林，可能是剛降落，穿著制服在窗邊做著祈福的儀式。因為當天的傍晚就要接車飛向夏威夷了，我們跟同一航班的組員討論著，當天夏威夷應該是不能飛了。

等到狀況總算穩定了以後，我們回到房間，要找手機跟家人、朋友報平安，發現電話完全沒訊號，只剩下電視可以看，打開新聞，是我從來沒見過的畫面，新聞主播兩人帶著工程用的安全帽在播報新聞，主播背後的螢幕一直重複播放的是日本東北地區海嘯畫面，那時不敢相信這是真的。這些新聞畫面讓我覺得是世界末日，後來我們一直試各種方法跟台灣的家人聯絡，終於連絡上後，突然覺得，那些平日生活裡覺得很理所當然的事，都好珍貴。

原訂當天傍晚要接車飛夏威夷，後來因為整個交通大亂，航班也大亂，我們這組機組員只好在東京多留一天，飯店旁邊的小便利商店，架上食物被我們狂掃一空，原本在附近商場逛街的組員說，因為沒有交通車，他們只好走回來，走回來的路上發現地上的地磚都裂開了。地震的發生時，他們還在商場裡逛街，突然天搖地動，貨架上的東西全砸下來，聽到很多人尖叫，還有老人蹲在地上哭，完全是災難片真實版，非常可怕。

不敢睡，重複在門口與床邊來回

機組員的工作本來就是很機動性，而且突發狀況非常多，有時候班表只是參考用，我們的航班被改成隔天再起飛去夏威夷，日本的緊急應變措施是非常快的，機場馬上可恢復運作。當天躺在飯店其實非常不安，因為餘震不斷，很怕小小的餘震一搖又變大地震，所以組員都是穿戴整齊躺在床上睡覺的，一有比較大的餘震我就緊張的跑到房門口，開著門保持隨時逃生的狀態。一開門，發現對面的學姐也是一臉疲憊，直接穿戴整齊坐在門口，學姐說她根本不敢睡覺，因為當天的餘震真的太多次，一直不斷準備逃生非常折騰人，沒人知道哪一次的餘震又會變成大地震，就這樣一直重複在門口和床邊來回，非常緊張不安過完那一晚。

後來夏威夷飛回來跟我們交接的組員們大概也知道了狀況，擔心他們會沒有食物，我們把剩下的物資交接給他們以後我們就飛往夏威夷了。

老實說，在我的空服員生涯裡面，有好幾次驚險的經驗，我都在想，生死有命，但就算要死也不要死在異鄉，每一次平安過關以後我都覺得好感謝，好感謝生命給我的這一切，這些平常沒事的時候我們都視為理所當然的一切，我都在心裡默默想著如果有幸活著回去就要寫好遺囑，人生太無常，真的沒人知道下一秒會發生什麼。

311大地震至今超過5年了，每一次我看到311地震有關的新聞和訊息，腦海裡立刻回到311那天，東京成田的那個飯店，大家急忙奔跑逃出飯店的畫面。我想，老天爺讓我做空服員，再給我這些狀況題，是為了提醒我珍惜所有吧！

某年除夕紅眼班下班後，從機場直奔奶奶家過年。

排到好班,讓你上天堂

比大姨媽還讓人焦慮的空服員班表

有些已經當媽媽的空服員,就會盡量把長班換成短班,為了接送小孩上下學、多花點時間在家陪伴孩子長大;沒什麼家累的空服員,通常喜歡越洋航線的長班,可以去外站走走。

身為空服員,每個月都有最重要的那幾天,就跟大姨媽一樣月月都焦慮,那就是每個月出班表的時間。

黃金 36 小時,努力換成「好班」

基本上班表固定在每個月的某一天出來,但遇到假日可能就會提前或延後,班表出來的這幾天根本全公司空服員焦慮達到最大值,怎麼說咧?若非航空從業人員,實在不會了解班表對一個空服員來說有多重要,我們的排班制度跟一般上班族不同,如果下個月某一天

有事,例如:參加朋友婚禮、上課進修等,班表一出來,那天如果要飛,就要自己努力想辦法把班換掉。安排好的旅程,若是班表出來卡了一天在中間,也是相當苦惱,過年、聖誕節、生日等特別日子有沒有放假也很重要。基本上,好班表讓你上天堂,月月好班,飛的輕鬆心情好,時數又高,錢包也賺飽,要是爛班表,基本上就是天天上班、時數少賺不到什麼錢,又耗費時間成本。

那大家一定很好奇,最初的原始班表到底怎麼排出來的?官方說法是電腦亂數排出來,但也不少人一整年運氣都很好,每個月都歐洲多天班或是每個月都東京補貨班,這種就不在我們的討論範圍。夢幻班表的定義其實人人不同,有些已經當媽媽的空服員,就會盡量把長班換成短班,為了接送小孩上下學、多花點時間在家陪伴孩子長大;沒什麼家累的空服員,通常喜歡越洋航線的長班,可以去外站走走。對我而言,其實外站該飛的都飛過了,該吃的、該玩的都經歷過了,飛到後來我最愛的就是過夜班,尤其日本過夜班是我的最愛,光是在日本停留幾小時,只是睡個覺,呼吸日本的空氣,即便不能出門去市區,到飯店樓上的便利商店買個微波便當我都覺得小確幸了。

但每個月的班表當然不可能盡如人意,尤其後來想排到日本過夜班根本像中樂透一樣,2、3個月出現一個就已經很開心了。那班表無法滿意該怎麼辦?就是我所說全公司空服員焦慮的那幾天,從班表出來到開始可以換班,是我們俗稱的黃金36小時,在這36小時內,

因為換班是空服員最重要的事，錯過這換班黃金 36 小時，要再換到好班就要更費力了，要是下個月的班表換得好，就有一個月好日子過。由於班表對於空勤組員來說就像是眼鏡之於重度近視者一樣重要，後來衍伸出大家用金錢換班的潛規則，不喜歡休假喜歡上班的組員，還可以有價接其他組員的班來飛。

很多人以為進了航空公司可以自己彈性調整班表，還曾經收過私訊，有人問我空服員能不能在飛到美國以後再排休，在美國休個 10 天、8 天的，當然是不行啦！畢竟不是旅行團，這是工作啊，尤其現在在外站停留時間很短，大多是在美國睡一覺就飛回來了，若想去出國玩還是要自己排年假出去的。我們的班表說是彈性也沒錯，但其實空服員的班表必須符合派遣原則還有換班規定，當然還有勞基法規定的最低休時等等規範，有時候我都覺得，每個月換班都好像在考數學應用題，就算兩個人願意互換對方的班，算完時數發現只差 1 分鐘，兩個人的班還是換不過，也就是換班破局。聽說有學姐姐因為換不到班因此憂鬱症看醫生的，還有些組員的家人或是男友在國外，每個月死命地換班，彷彿牛郎織女，每次聽到這些為愛而飛的組員都覺得好感動，因為換班是一件超級困難的事啊！

待命班最慘，根本不知道要飛去哪

說到我們的班表，每個月換班那幾天，我會在臉書上寫一堆航班代號，很多非同行的朋友都會很好奇問我這到底是什麼摩斯密碼，例如：069 換 220 這種外星語言，其實就是倫敦班換羽田過夜班。除

了實體的班以外，其實我們還有一種班叫待命，待命班就是我們要畫好妝、綁好頭髮、穿好制服到公司的待命室等，就像夾娃娃機裡面的娃娃一樣，派遣員就是那支爪子，若你待命的時段有人請假，派遣員就依照派遣原則抓飛待命的組員，那你一定會問，要怎麼知道會抓飛哪裡？幾天？目的地是冬天還是夏天？衣服帶得夠不夠？這真的沒辦法未卜先知，只能靠自己推算待命的那個時段裡有什麼航班，我之前甚至還有被抓飛越洋航線，結果根本沒帶盥洗包和大箱，連件便服都沒有，最後只好在外站直接買了，這都是待命班很常見的狀況，所以這是我最討厭的班之一。

除了待命班以外，我還非常害怕早班，班機起飛前兩小時四十分我們就要到公司報到了，很多早班大概凌晨 4 點多就要接車報到了，接車之前當然還要提早起床化妝綁頭髮，其實前一天很難睡得好，一直擔心隔天要早起會不會睡過頭很怕遲到，又怕前一天晚上睡不著，所以早班壓力非常大，我們報到只要晚到 1 分鐘，那天就算遲到不用飛了，另外還有很多紅眼班或是加班機，熬一整個大夜飛行，通常是來回班，當天凌晨報到下午才落地回到台灣的，完全是挑戰體力的極限。說了這麼多，相信大家應該稍稍可以理解，空服員班表出來的那幾天，為什麼他們的情緒特別容易暴躁了吧？希望大家可以更體諒身邊的空服員家人、朋友囉！

＃ 東京補貨班：組員間常開玩笑到東京是為日常用品補貨。
＃ 大箱：一般來回班只會帶一個登機箱，飛長程航班時會需要帶較多行李，才會帶大型行李箱。

空中的交情，沒有國界

一場旅行後，我有了乾爹、乾媽

在機長廣播解釋完當下的狀態需要轉降西安以後，反倒是客人超樂天又興奮的跟我說：「太好了！可以順便去西安走一趟。」

各位先生、女士，您好！歡迎搭乘飛往烏魯木齊的航班，僅代表機長……。

在學姐的廣播中，我開始了這趟飛行任務，飛機飛平以後先換圍裙，然後開始準備大家的熱餐，對組員來說這是一個再平常不過的航班，但我卻帶著超級興奮的心情來上班，一方面是我很期待第一次到烏魯木齊，二來也因為這一次有我的好朋友丁丁買了機票跟飛，這個航點因為航班班次沒這麼多，所以我們待在當地的時候就會長一些，還有點閒暇時間可以去觀光。

從烏魯木齊轉降西安，客人竟很興奮

我們兩個像要畢業旅行的學生一樣興奮，在出發前討論了行程、查了天氣，為了在零下 17 度可以倖存，一起購足了保暖裝備，在萬事都俱足的狀況下出發。烏魯木齊航線的客人有九成是新疆的居民，大多是退休的老先生、老太太，他們也跟平常大陸二線城市的鄉親一樣純樸可愛。航程時間大概 6 個多小時，送完餐剛好有點空閒時間，我跟一對坐在機尾最後一排的老夫妻閒聊了一下，老先生和太太你一言我一語的，跟我分享新疆有哪裡必去的觀光景點，說紅山公園有冰雕、吐魯番窪地和天山天池是一定要去走一遭的，還替我擔心天山天池可能因為大雪封山去不了……結果就在快降落烏魯木齊之前，座艙長打了 All Call 給所有組員，通知大家因為天候因素，新疆大霧進場能見度太低，所以只好轉降備降場西安……。

在我飛行的這幾年，說實話也見過不少大風大浪，而這次是為了安全，霧太大飛機無法進場，要轉降其他備降場，於是我們降落西安。長年旅行早就養成旅人隨遇而安的性格，基本上這種狀況會是全機客人和全組組員住西安一晚，隔一天天氣狀況允許以後再飛回原訂的烏魯木齊。

在機長廣播解釋完當下的狀態需要轉降西安以後，很意外的，全機沒有任何一個客人抱怨，飛機上的客人都是來台灣觀光要回新疆的漢人，通常這種狀況，都會有客人不管三七二十一、不管是不是有安全疑慮，硬要降落或立刻來找機組員理論或是要求賠償等等。這

趙反倒是客人超樂天又興奮的跟我說：「太好了！可以順便去西安走一趟。」還有熱心的老太太跟我分享她之前去西安看兵馬俑的經驗，此時感受到二線城市的大陸同胞好相處的樂天性格，他們真的非常可愛，每每這種時刻就是我對這工作熱情可以持續燃燒的動力，當天就抱持著有點忐忑但興奮，隨遇而安的心情開始了我們的西安、新疆奇幻旅程。

當天落地西安已經是晚上了，公司負責把客人都送往飯店休息以後，組員也回飯店休息，果然計畫趕不上變化，雖然我們原訂的烏魯木齊第一天行程沒辦法走了，但也因禍得福，班機是隔天下午才起飛新疆，隔天早上全組還一起去看了兵馬俑和楊貴妃的華清池、西安事變的四間堂，最後滿足的回到西安機場繼續前往烏魯木齊。

老夫婦盛情難卻，力邀同遊新疆

經常覺得空服員這個工作永遠是計畫永遠趕不上變化，有時候是因為颱風，原本要去日本可能就改飛上海了，有時候要從外站飛回台灣時，可能因為機械故障又在外站多待了好幾天，排定好的事情經常無法赴約，但這就是空服員工作的宿命，行程總是千變萬化。雖然不可預測的變數很多，但在這其中我也不知不覺成長了很多，抗壓性也因為多變的事件默默變強了，實在很感謝這工作給我的歷練。

隔天下午上了飛機以後，載的是原班人馬的客人，這班飛機上的客人我真的給 100 分，都非常友善可愛，都是些老爺爺、老奶奶，我

新疆乾爹、乾媽帶我們去他的回族朋友家做客。

問問他們在西安的晚上睡得好不好？老奶奶還說很開心地說他們去吃了西安當地的小吃，還請我吃了在西安小攤販買的水果，心裡真的非常感激他們沒有因為新疆大霧，我們轉降西安而不高興，反而是享受這個過程，整趟航程中完全是跟他們成為了好朋友，那對坐在機尾最後一排的退休老夫妻除了給我好多建議的景點以外，非常熱情的堅持降落後要帶我們去滑雪！

因為覺得跟這對老夫妻特別投緣，本來擔心他們旅行剛結束回去會太累，但又盛情難卻，隔天一早就約好了我們一行人坐著老夫妻開的車帶我們去南山滑雪，還去了必去的傳統市集大巴札，南山真的好美！對我們這種冬天不會下雪的國家人民來說，簡直就是超級興奮！老夫婦一路上照顧我們像照顧他的孩子一樣，陪我們滑雪，還帶我們去他南山山腳下的家坐坐，對著南山的雪景，泡著手沖咖啡。

老夫婦說他們最大的遺憾就是只生了兒子，沒有女兒，而且兒子又生了孫子，他們真心的覺得跟我很投緣，想認我當乾女兒！我實在是受寵若驚，尤其他們聽說我是單親家庭長大的小孩，說我一定要當他們的乾女兒，還約定好等我結婚，他們一定會買機票來台灣參加我的婚禮。從來沒遇過這樣的單純又真誠的大陸人，當下我立刻熱淚盈眶，非常感動，有時候覺得人和人之間的緣份就是這麼奇妙，值得感激。

後來幾天我們還去了天山天池，也是一個奇幻冒險，因為當地的旅行社冬天是不出團去天山天池的，因為雪況不好掌握，而且一定要有領隊證才進得去，但是第一次來到新疆不去怎麼行？一樣是同一個航班上的一位新疆領隊，熱情地開車帶我們上天山天池跑了一整天，還請我們 4 個組員去吃道地的新疆維吾爾族料理，最後我們想付包車的錢，他竟然完全不收我們錢，他說這就是新疆漢人的待客之道。

最美好的不是景色，是情誼

我後來又飛了幾次新疆，每次都帶著一些台灣名產去找乾爹、乾媽，好幾次他們都帶著我和一起飛的組員出遠門玩，還帶我們去了從烏魯木齊開車要 7 小時左右的吐魯番窪地，聽說台灣人喜歡唱歌，還帶我們一起去當地的 KTV，直誇我們台灣人唱歌、說話都好聽。有時候覺得在空中建立起來沒有國界的緣分真的很美好，大家聽到我有新疆乾爹乾媽都覺得太奇妙，他們為了我還學會用簡訊，雖然現

在比較少到烏魯木齊，但至今過年過節都還有聯絡呢。

我去過大陸好幾個城市多次，雖然我知道很多人不大能習慣大陸的風土民情，但是因為這一次，讓我對大陸人徹底大改觀。

新疆很美，面對天山天池一片白茫茫廣闊的景色是無法形容的感動，南山的雪景也是一絕，但這一趟旅程對我而言，最美的是人，不求回報的為陌生人付出，只希望我們在新疆能留下一個美好的回憶，原來人跟人之間可以這麼單純，非常感動。

如果有人叫我推薦大陸要去哪個城市玩？烏魯木齊絕對是我的第一名。

#All Call：因為飛機很大，每一個機門邊都會配置有電話，當座艙長或是前艙需要跟所有組員同時通話的時候就會使用這個功能，通常是重要的事情才會使用。

乾爸、乾媽招待我們去家中做客，圖為新疆人平常吃的零嘴。

生病想請假？沒這麼容易！

打著石膏，也得跳著去公司遞假單

想請病假擔心被公司刁難，加上不能換班的雙重懲罰，於是抱病上班，問餐直接用字卡、送餐送一半還奔到廁所吐……。

一個超過 300 人以上的企業，公司依照勞工健康保護規則規定必須僱用護理人員、並特約醫生在公司辦理勞工健康管理相關工作。但他們還有另一個主要的工作，就是在醫務室裡等著那些要去辦理留停的空服員，看看這些空服員們因病留停或是工作傷害的資格到底符不符合。是操著空服員們生殺大權的關鍵人物，可以決定要讓你留停多久。

醫務室的公司御醫

當然留職停薪是沒有薪水的,就算你手上拿著的是再大的教學型醫院醫生證明,就算台大醫院的名醫說你這個要休息 3 個月,他說休1 個月就是 1 個月,台大醫院的醫生說你有病該休息,他說你沒病你就是沒病,外面的醫生在公司醫生眼裡都是浮雲啊!基本上御醫就是管理階層的延伸,他有擋下空服員留停的業績壓力,所以時不時還會質疑組員請假的動機。

組員飛來飛去平常沒事組員是不會去醫務室的,江湖流傳這位醫師神龍見首不見尾,經常很忙不在醫務室,遙望當年我因為一次意外,腿骨裂開打了石膏,但是並不像傳說中的打斷腳骨顛倒勇或是多長高幾公分,到了管理部門報備,找長官報到,她說:「妳要請假可以啊!但需要醫務室認定妳可不可以請長假。」

我腳都打石膏了,當時是用跳躍的方式用拐杖跳到桃園公司!因為公司的程序要本人去跑,必須我先跟醫師約時間,幫忙處理的助理再附帶一句:「但他常不在台灣」那時才了解,原來腿斷也要看良辰吉時的。

後來終於約到醫師,發現果然如江湖流傳一樣相當有個性,每次到他辦公室,我好像沒看過他正面,因為他沒有正眼看過我。

經痛要妳描述痛法，地震問你家倒了沒

公司向來是討厭別人請假，這點我可以理解，畢竟站在管理階層的角度，誰想讓基層員工一直請假？就算是勞基法規定的每月 1 天生理假，也經常聽到組員說打電話到公司請假也會被關切：「你經期不順嗎？是真的經痛嗎？可以敘述一下你的經痛是怎樣的痛法？」有時候真的哭笑不得，彷彿電話問診，接電話的長官自己也是位女性，也有過月經的吧！

好幾次感冒到失聲，想請病假擔心被刁難，加上不能換班的雙重懲罰，於是抱病上班，但根本「失聲」，問餐直接用字卡、送餐送一半還奔到廁所吐⋯⋯其實這樣為難生病請假的組員，不但對組員健康不好，對乘客更是不好啊！不只是病假，聽說之前 921 大地震的時候，有個學姐家住南投，打電話到公司請假，說鄰居家倒了，擔心家裡的狀況想請假回家看看，長官劈頭就問：「你家倒了嗎？沒倒就來上班啊！」

你家倒了嗎？

你家倒了嗎？

你家倒了嗎？

雖然江湖流傳的這則故事不曉得是不是真的，還是讓人覺得很訝異，說好的同理心呢？有時候對於這樣的文化，我覺得好失望，身為服務業卻沒有同理心，我都懷疑當時受訓教大家的那套對待客人要以同理心的理論，是不是都只存在書面教材上而已。

異國生病，就醫打針自己去

以前你教我要有同理心，那現在呢？

「我不想因為妳一個人轉降其他地方。」雖然他說的是事實，但那時候我在飛機上硬撐完工作都已經只剩半條命了，說真的，聽到這句話心又涼了一半。

一定很多人很好奇，空服員也是人，如果在國外生病了該怎麼辦？這我個人就有慘痛的經驗，讓我娓娓道來吧。

想請假？打著石膏也得親自來公司

那時候我還很資淺，記得每次生病一定是抱病上班，因為請假要打電話到辦公室，非常麻煩。若他們心情好，叨唸你幾句就放過你；若他們心情不好，管你病得多重，就算你在床上下不來，也要你本人到公

司遞假單。記得某年我腿骨骨折打石膏，打電話去請假，長官堅持我必須拄拐杖到公司了解一下狀況。光是要通過這一關心理障礙就覺得很累了，更何況是在外站生病。

記得那一趟飛紐約，那時候的航班必須經過安克拉治轉機，通常這種「台北－安克拉治－紐約」的班機因為工時太長，中間一定會換組員，從紐約飛回台北也會在安克拉治停留。那趟本來滿心歡喜到紐約有好多地方要去走走，結果我在安克拉治飛往紐約的航程中就已經覺得身體不太舒服，以前剛上線總聽學姐說，空服員職業病前2名：尿道炎、蕁麻疹。那時還想說我這麼愛喝水，一定不可能的，結果就因為工作一忙起來真的沒時間上廁所，加上資淺的時候做什麼都擔心拖累團隊進度，很怕送餐的時候跑廁所，速度就比別人慢了，自然而然養成了憋尿習慣。果不其然空服員職業病第一名尿道炎來了，當時我晴天霹靂，從安克拉治死撐活撐飛到紐約，結果在紐約飯店躺了2天，瘋狂灌水和吃蔓越莓錠，為的就是不要拖累團隊進度，盡量不要在外站看醫生，造成座艙長的麻煩。

空服員生病時，什麼都得自理

紐約飯店躺了2天以後，我的紐約之旅就這樣泡湯了，上了飛機狀況時好時壞，但為了工作還是硬撐，後來發現開始發燒加血尿，好幾個組員看到我的臉色實在很差，很擔心我，我只好不得不在快要降落在安克拉治的前幾個小時跟座艙長報告這件事，結果座艙長認為我應該在降落後去看醫生，那時想說他人真好，不同於江湖傳言人這麼壞，

結果他接著說：「我不想因為妳一個人轉降其他地方。」雖然他說的是事實，但那時候我在飛機上硬撐完成工作都已經剩半條命了，說真的，聽到這句話心又涼了一半。

在安克拉治降落、領了房卡後，我就立刻準備去看醫生，其實在外站看醫生我們有標準流程，需要座艙長以及助理座艙長至少1人陪同，結果當時座艙長根本不想管這件事，助理座艙長也只是客套問了幾句，知道有組員陪我一起去醫院，他們就洗洗睡了，準備補完眠要去購物商場補貨。那時才剛畢業的我，深深覺得：「啊！這就是社會的人情冷暖啊！」回房間換了衣服以後就搭計程車去醫院了。

好在後來在安克拉治看醫生一切都順利，才知道原來美國的醫院跟台灣醫院很不一樣，非常安靜，像個度假中心一樣，打了針、醫生開了藥以後回飯店繼續休息，後來從安克拉治飛回台北狀況就好多了。

非常感激當時陪同我一起去醫院的組員，畢竟是犧牲了他的休息時間，真的覺得出外靠朋友，尤其在人生地不熟的外地生病，其實非常讓人不安。有時候我都覺得，以前受訓每天都在說同理心，結果對自己下屬的同理心呢？出門在外如果沒有剛好有朋友在身邊，還是靠自己吧！

職場中，先當小人才能當大人

換了位子，就換了腦袋

聽說只要抓到一個人在社群網站上發制服照片，就叫那個組員再檢舉另外三個人，便可以減輕自己的處份。

一直以來，我都算是幸運的，也可能神經大條、傻人有傻福，從小到大的環境裡，我不太需要跟別人爭，也不喜歡跟別人爭，所以要心機、鬥爭這件事情，對我而言根本是天方夜譚，直到我畢業後進了大企業，才真正大開眼界，原來社會是這樣運作的。

有關係就是沒關係

以前常聽到學長、學姐說：「在這裡做人比做事重要」這點我了解，尤其每一趟飛行遇到的座艙長和同事都不同，「做人」在我們職場裡

可以說除了飛航安全相關以外第二重要項目，除了職場倫理中的資深、資淺以外，其實你的背景更重要。這邊指的背景，不是說你是什麼名校畢業，或是什麼 TOEIC 拿滿分金色證書的能力。如果你是一個毫無背景的小蝦米，最好平時燒好香，不要出任何事情，一點點小事情都有可能被放大。

但假如背景夠硬，搞不好你不小心打開飛機逃生的充氣滑梯，也有可能可以升官的，在飛機上打開逃生滑梯是一件非常嚴重的事，因為一次成本就要破百萬，而且萬一門外有地勤，那一定是出人命的事件。在大宅門裡流傳一句名言：「有關係就是沒關係」當時初入社會，對這現象實在是很難接受，像我這種個性很直的人，覺得實在不公平，是非黑白怎麼可以如此模糊？在公司久了以後發現，在這企業裡，是非黑白的界線還真的很模糊。

光怪陸離，見怪不怪

聽說還有疑似假造成績種種事蹟，簡直在這企業裡見怪不怪。記得之前飛了一趟印象深刻的長班，座艙長是一位大家都非常不喜歡的人，那趟座艙長跟組員間發生了很多不愉快的事，結果經濟艙的助理座艙長為了在組員面前當好人，在大家面前一直說座艙長的不是，沒想到說到一半，簾子一拉開，座艙長走進來，我們那位體諒組員的助理座艙長，半秒間立刻稱讚座艙長領導有方，大家都對此嘖嘖稱奇，態度轉變度簡直是川劇變臉啊。

最可怕的是在打考績的月份根本人心惶惶。之前公司禁止組員在社群網站上放自己的制服照片，我完全能理解，大企業人多難管理，若是制服照片有礙公司形象，懲處是情有可原，但正常生活分享也會因此被記過處分。聽說當時公司只要抓到 1 個人在社群網站上發制服照片，就叫那個組員再檢舉另外 3 個人，便可以減輕自己的處分，一但被檢舉，輕則小過兩支，重則大過，結果和飛安有關，打 slide（飛機逃生滑梯）的懲處還比在網路上放制服照輕，飛到後來，我都不太知道這公司的標準在哪了。

部落客、網美，全都來

之前在公司因為制服照片和網路寫文章，好幾個部落客、網美被關切，公司將每個人都叫來約談，每次約談大概會有 7 ～ 9 個長官一起關心你，那個月光是開部落客和網美的會議，就不知道花了幾個工作天，再加上約談工會幹部，整個月都在開這種會議啊！

還記得與會主席是以前也在線上一起飛行的大哥，自從升官了以後人變好多，從頭到尾沒有正眼看過我。那段時間我每天都很害怕，同時也納悶，憲法保證人民言論自由，我們到底犯了什麼滔天大錯需要這樣被對待？雖然我曾經在這樣的環境裡工作了好多年，我還是相信這世上的是非黑白，還是有界線存在的。

鬼影幢幢的曼谷老飯店

醒來時，房間內有成年男子腳印

隔天早上醒來還在彌留中，發現我的電視已經被關掉了，但我想應該就是電路問題，沒什麼大不了的，一踏進浴室準備刷牙，看見我地上白色的腳踏墊有兩個超大的腳印。

像空服員這種經常住在旅館的工作，很常有朋友問：「你有沒有親身經歷的鬼故事啊？」說真的，還真有不少鬼故事，除了聽同事說以外，我自己有時候氣場感覺比較弱的時候其實也有感應過好幾次。

就算再累，開門前也要先敲門

先說說我對於鬼神的看法，基本上我是很鐵齒、相信科學的人，所以每當我遇到超自然現象的時候，我會先試著用科學理論解釋，但有的時候真的無法用科學說服自己，我就會解釋為不小心和另一個空間的重疊交會。

記得以前對曼谷過夜班都又愛又恨，愛的是曼谷太好吃、太好買，以前我真的超喜歡去曼谷，但也很多人不愛，原因是當時曼谷的組員飯店是一間非常古老的飯店，曾因大火而翻修過，但依然是潮濕又陰暗的感覺。航空公司對組員飯店的需求很大，當然能省則省，於是我們入住在這個歷史悠久的飯店非常多年。其實地段也算好，後面一個大公園和 BTS 捷運站，還有走路就可以到的購物商場，算是非常棒的外站。但是就是有很多人很害怕這個房間，江湖謠傳太多這個外站的鬼故事，號稱「王大膽」的我其實睡眠品質不太好，在外站我一定是將燈全關後才睡覺，唯獨只有在曼谷這個飯店，睡覺時我會開大燈、開電視。

記得有一次凌晨降落後，我拖著疲憊的身軀進飯店，當然再累該做的不能少，開門前先敲門、進房間先打招呼，畢竟我們是旅人暫時借住，他們才是主人啊！畢竟可能他們在這住的時間比我們長太多了，所以我經常抱持著「借用別人空間」的心情，還是要打個招呼，進了房間先開燈，再進廁所按沖水鍵，製造一些聲響，告知另一個空間的他們——打擾了！我來借住一晚。

被鬼腳印嚇壞，以最快速度離開房間

一進門就看見房間掛的畫是一個女生肖像，實在是不懂飯店房間的裝飾幹嘛要放人物肖像畫，因為她就掛在床的正對面看著你睡覺，實在是讓人覺得毛毛的。當天晚上我開了大燈、開電視，但我戴眼罩、耳塞睡覺，不曉得是我做了惡夢，還是真的聽到了一個女生在

我耳邊講話，但我可以感覺得到這個能量的強弱，感覺並不是太激烈的能量，只是平鋪直敘的想講點什麼，但因為她講的是泰文，我真的聽不懂，當下太累心裡只想睡覺，說了聲抱歉就繼續睡了，後來也沒發生什麼事，畢竟沒做虧心事也沒什麼好怕的。

即便是我那一次的經驗還是不減我對曼谷過夜班的熱愛，後來再排到曼谷我還是很開心去飛，這天落地到飯店了又是凌晨了，因為過夜班時間太寶貴，大概只停留 24 小時不到，根本要用最快速度洗洗睡才可以趕在中午出門，補眠幾小時後中午立刻奔出門，走我的曼谷固定行程——吃路邊攤、買零食、逛街、按摩，晚上回到飯店也是用最快速度洗洗睡準備休息。記得隔天是快中午的時間要到大廳報到接車，大概晚上 12 點左右，我依照在曼谷飯店的慣例，睡覺開大燈、電視因為曼谷行程總是太充實，直接一睡到隔天接車。

我住飯店的禁忌

1. 進門前敲敲門：「打擾了！」
2. 製造聲響，表示有人來了喔！有些人會開電視，我通常會先進廁所拉開浴簾，然後沖馬桶，也有說法是表示把不好的東西沖走。
3. 鞋子切勿整齊排放，我都亂放
4. 留一盞小燈，尤其是玄關，勿關全暗（像我這種睡覺需要全黑的人就要戴眼罩）
5. 相信自己的直覺，一進房間覺得哪裡不太對，就換房間吧。

隔天早上醒來還在彌留中，發現我的電視已經被關掉了，但我想應該就是電路問題，沒什麼大不了的，一踏進浴室準備刷牙，看見我地上白色的腳踏墊有兩個超大的腳印，瞬間我整個人都醒了，我的直覺反應是有人在我房間裡，因為那個腳印大的程度絕對不是我的，感覺是一個成年男子的腳掌大小，我記得那時我的房間在三十幾樓，從窗戶爬進來一定不可能，房間門也從裡面用安全鍊反鎖，不可能從門進來，我立刻抬頭看我的浴室通風口是不是鬆動，可能經由通風口爬進來，結果浴室天花板根本是水泥，沒有做通風口！這時候如果是金田一就會說：「這是一個密室。」

我那時真的嚇壞了！馬上穿上制服、絲襪，所有東西丟進行李箱，行李箱一蓋就以最快速度衝出房門，化妝也直接在大廳完成，這次真的有嚇到我，平時如果聽到聲音我會解釋成我太累，這次看到清楚的大腳印，真的全身從腳底開始發麻起雞皮疙瘩，實在是太恐怖了啊！

後來的組員飯店因為合約的問題也搬到了另一間，就沒有再聽說什麼曼谷鬼故事了，曼谷過夜班又變得更搶手了，根本飛不到啊！

組員飯店：航空公司安排機組人員入住的國外飯店，通常離機場很近。
接車：接送機組人員前往機場的車輛。

換了飯店，但還是撞鬼

那個晚上，我的房間電話不斷自動撥號

突然間床的對面桌上電話響了，但是響的是免持聽筒，接著開始有人按按鍵撥號的聲音，我那時候心裡一直默默祈禱：「拜託不要接通。」因為接通了，不管是誰接起電話我都會嚇死！

說到鬼故事，其實曼谷的還好，沒這麼可怕，因為對我來說，真的可怕的在印度。

剛上線飛行的時候有一次跟同學執行印度的任務，降落後，進飯店已經是凌晨了，我記得那天真的超疲累，第一次到這個外站，只覺得新德里的組員飯店怎麼是這麼奇妙的格局，走了一個長廊以後經過一個戶外小花園，凌晨時刻完全沒聲音，就只有自己沉重的腳步

聲和陪我南征北討的行李箱輪子嘎嘎作響。經過戶外花園以後走到另一棟建築，又繞了一個圓圈，終於到了我的房間，一進去我把行李攤開，呆坐在床上，因為身體真的太疲憊，實在是很想睡覺，但卻覺得房間感覺怪怪的，說不上是哪邊怪，就是一種第六感，我立刻打電話給我一起飛的同學，因為是好姐妹，我行李箱一關，拉了箱子就快步奔到對方房間去，於是我們睡在同一個房間 2 天。

突然，有人敲我床頭櫃

第 3 天到了報到接車時間，座艙經理在飯店大廳集合大家做例行的飛行前簡報，簡報最後經理說：「那個 xxx 號房是誰的房間？」我舉手：「是我的房間。」經理說：「妳房間好吵！我睡妳隔壁，一直聽到笑鬧聲，還有小孩子的嬉鬧聲，你是開趴踢還是電視沒關？」我跟我同學整個全身雞皮疙瘩都起來了！因為我根本沒有睡在那個房間！從那次以後，我對我的第六感深信不疑，只要進到一個空間裡我覺得不舒服，我就立刻換房間，但從此以後，印度班也讓我非常害怕。

對於印度房間的害怕我持續了很長一段時間，幾乎班表出來一看到有印度班我立刻換掉，有一次班表一出來又是印度，那時實在沒辦法換掉它，加上後來也換了組員飯店，我想說姑且一試就去飛了。一落地到飯店看見大廳裝潢非常現代而且採光很好，我就放下半顆心了，進了飯店房間也是非常明亮，我當下覺得很開心，以後印度班終於可以自己飛了。

因為太久沒去印度，在印度的過夜班行程也是非常充實，畢竟待的時間也不長，要逛當地的市集、著名景點、吃飯……晚上回到飯店也是挺累的，準備速速洗洗睡，因為這飯店房間感覺很新，也沒什麼不好的感受，加上我需要良好的睡眠環境，晚上睡覺就關了大燈、窗簾也全關，睡到半夜半夢半醒之間就聽到有人在敲我的床頭櫃，因為是木製的櫃子，所以聲響很大，一開始不以為意以為是隔壁房間發出的聲響，而且我想反正我有戴耳塞，就想說算了繼續睡吧，也許等等就沒聲音了。

接著，電話開始自動撥號

突然聲音愈來愈近，然後有一個女生的聲音在我耳邊講話，而且像是吵架，口氣很兇地講著我聽不懂的語言，也無法辨識是否是印度話，接著我的身體無法動彈，我還很天真的想：「我到底在做夢還是鬼壓床？」鬼壓床有壓側睡的嗎？實在是很狐疑，後來我發現根本是醒著，思緒非常清楚，竟然還可以思考，但我不敢睜開眼睛。

突然間，床的對面桌上電話響了，但是響的是免持聽筒，接著開始有人按按鍵撥號的聲音，我那時候心裡一直默默祈禱：「拜託不要接通。」因為接通了，不管是誰接起電話我都會嚇死！好險沒有撥通，一直有沒撥通電話的嘟嘟聲，那聲音真的太惱人了，逼得我只能起來把電話掛掉，突然發現那時候我身體已經可以動了，睜開眼睛，一鼓作氣衝到床對面的桌子，把話筒拿起來掛上，回到床上蓋緊被子繼續躺著。

但是電話又響了，又是免持聽筒的嘟嘟長音以後繼續撥號，依然沒有接通，這樣來來回回好幾次，除了在心裡默唸佛號以外，還對著電話良心勸說，表示我真的很抱歉只是來借住兩晚，但電話還是一樣不停自己擴音又撥號，因為真的太吵了，本來還想把電話線拔掉，但想到萬一電話線拔掉還是撥號？那我真的會嚇破膽，所以還是沒有拔掉電話線，最後真的受不了還試著對電話罵髒話，當然也沒有用，折騰一整夜赫然發現外面天色已經微微亮，把窗簾整個拉開、大燈打開，突然間就不撥號了耶！當然我也沒心情睡覺了，換了衣服就下樓吃早餐冷靜一下。

最後，座艙長也遇上了

在餐廳遇到資深的大哥還有座艙長，他們看到我就說：「為什麼妳看起來臉色很差？」座艙長是位愛開玩笑的大哥，還說：「是遇到鬼嗎？」我當時簡直太驚訝，下巴整個掉下來，跟他們敘述了整夜打電話的故事，座艙長說：「一定是看妳可愛想捉弄妳啦！如果是我，鬼就不想來找我啊！」當下我真的笑不出來啊！我對座艙長說：「你不要亂開玩笑啦！」而且當天還要在同一個飯店住一晚，但我當時決定不換房間，白天只請飯店人員來幫忙把電話換掉，對這個事件我只能解釋為電話壞掉或是電路有問題，於是當天晚上我把所有護身符放在床頭並且開大燈睡覺，雖然還是毛毛的，但覺得平常沒做虧心事好像也不用怕，結果當天一夜好眠。

隔天接車報到，在機場行進間座艙長跑來問我：「妹妹，你房間後

來還好嗎?」我說很好啊我睡超好,座艙長說:「你當然睡得好啊!因為換我房間的電話開始自己撥號了,嚇死我了。」大哥在旁邊默默說:「所以……我們在吃早餐的時候,他在旁邊聽我們的對話囉……?」從此以後印度班我再也不飛了,這大概是空服生涯中我遇過最恐怖的超自然事件了。

這是另一次到日本住在六本木的房間,結果窗簾打開見到一片墓園,朋友都說我住的是「六本墓」Hotel。

迎接我的最後一趟航班

最捨不得的，是組員間的感情

以前飛的時候常在想，我的最後一趟航班會長得怎麼樣？結果真的到了最後一趟，其實我只想把工作做到最好。

雖然說每逢佳節倍思親，每年過年或是重要大節慶，大家都想留在台灣陪自己的家人、朋友、另一半，但相信排班性質工作的人們一定都很能感同身受，這種節慶通常是不可能休假的。身為空服員，我們的人格特質裡面通常的生命力和適應力都是很強韌的，日子要過，班還是要上。我有好幾個農曆年，都是跟組員們大夥兒一起在外站吃年夜飯；好幾個國曆跨年，也是在機上和大家一起倒數，在機上「走到」下個年，雖然這些時候沒有家人、好朋友陪在身邊，組員們感情也好得像個大家庭。

驚喜十足的生日慶祝

水瓶座的我通常生日都在過年期間,那段日子公司管制休假,基本上也不可能請到年假,不過如果可以換班通常我會換休假留在台灣。記得那年生日的班表一出來,生日那天是我喜歡的東京過夜班,於是就決定自己去飛了。

2月5號松山出發的航班,六號我生日當天從羽田飛回來,前一天晚上落地已經很晚了,大概就只能在飯店附近的便利商店買便當和零食,但我基本上呼吸到日本的空氣我就很滿足了,吃了2個便當和一堆零食以後心滿意足入睡。

通常在外站準備接車前,會有一個飛行前的小小簡報,大致上是前艙會告訴大家這一趟的飛時、氣流狀況或是一些其他應該注意的事情,就跟平常飛行一樣,結果沒想到簡報的最後,教官突然拿出他

預先買好的小蛋糕和甜點，然後所有組員幫我慶生在飯店大廳唱生日快樂歌！非常感動啊！因為機組員過海關除了護照以外，還有一份記載大家護照和出生年月日資料的艙單，教官前一天看到我的生日以後，晚上就準備了蛋糕，後來上機後其他組員拿了一份前天大家就寫好的生日卡片送給我，說真的在這個工作環境裡，組員之前的情誼是我最捨不得的。

最後一個航班，我只想把工作做好

記得我的最後一趟飛行，因為身體不適請了病假，派遣最後補了一個曼谷過夜班給我，算是送我了一份很棒的畢業禮物，但可以在曼谷待將近 24 小時出門走走逛逛，吃吃我好久沒吃的道地青木瓜沙拉和打拋牛肉飯。

以前飛的時候常在想，我的最後一趟航班會長得怎麼樣？通常大家開玩笑會說我要打開 slide（飛機逃生用的充氣滑梯）、我要罵討厭的座艙長，還聽同事開玩笑說要跟客人吵架等等的白日夢。結果真的到了我的最後一趟，其實異常平靜，我只想好好把自己的工作做到最好，有始有終圓滿完成它。最捨不得的還是我的好同事們，我是一個重感情而且不擅長道別的人，即使在最後一趟的飛行，還是希望低調，只有我告訴幾個跟我比較熟識的組員，這是我最後一個航班。

在曼谷吃飽喝足以後，如同以往一樣報到上班，一樣做著一個空服

員該做的事，最後落地桃園機場做了我這一生最後一次的機艙安全檢查以後，收拾自己的行李步出機艙，在 gate 口旁大家像往常一樣圍成一圈做例行 de-briefing。通常這時座艙長會提醒一些這個航班大家可以改進的地方，或是其他客人反應的狀況。那時候的我百感交集，不捨這些好同事，但同時又覺得開心，可以開始探索人生的其他可能性。突然組員拿出一個袋子給我，說是客人忘記的，一看竟然是組員所有人對我的祝福卡片，還有一個手作的禮物，還有小哥前一天在曼谷買的小禮物，祝福我畢業了！當下非常非常感動，熱淚盈眶，覺得這些貼心鬼到底還讓不讓人離職啊？！座艙長還一直叫我把辭呈收回來作廢。組員的情誼是我對這工作唯一覺得不捨得的點。

到了現在，我離開航空業已一段時間了，想到以前的工作，都是跟同事們的美好的回憶，同時也慶幸，終於逼著自己走出舒適圈了。我的性格無法容許自己停在原地不進步，而這工作實在太安逸，讓我太容易怠惰，因此最後選擇離開。至今還是非常感謝在這個工作場域遇到的美好的人事物們，不只是這些好同事們，還有很多飛行途中遇到的好客人、各地的地勤人員、餐勤大哥大姐們、辛苦的運務大哥們、清艙的大哥大姐們……這些日子裡面，他們的出現都是我人生的養分，讓我可以帶著這些好的能量創造更不一樣的未來，同時也祝福這些可愛的人們。

(#de-briefing：工作結束後，例行的述職報告。

假如你想成為空服員

　　經營部落格幾年以來，經常有人私訊問我考空服員的方法，以我自己的經驗而言，因為當初我對空服員這個職業本來就沒有過粉紅泡泡，純粹是因為喜歡旅行，覺得空姐好像可以環遊世界，就入了這個圈子，飛行了幾年下來，事實證明即便我對空服員這工作沒有過多的華麗想像，也還是有很多不同我預期的面向，但就現在台灣的就業市場而言，空服員這個職業仍然是一個初入社會的新鮮人嚮往的工作，在這邊也跟大家分享當時我是怎麼準備考試以及如何看待空服員面試這件事，純粹是我個人的看法，僅供大家參考。

想當空服員，你要先具備的有：

身高標準

現在因為勞基法規定，國籍航空公司已經不再限制身高，改為伸手摸高到航空公司限制的高度，當然每家公司標準不一樣。但之所以這樣要求身高，是因為在機上工作空間太狹小，為求方便，很多東西都收納在高處。尤其緊急逃生設備。而且工作區域的置物空間都非常高，另外如果要幫客人調整在 overhead bin 的行李時，也都需要高個兒啊！所以這不是隨便訂定的標準。

視力

很多人問過我空服員是不是不能近視？其實只要
戴隱形眼鏡後，視力矯正可到達標準就可以囉！機師也是
一樣的。但是必須提醒大家，其實空服員的工作需要長配戴隱形
眼鏡，在機上空氣又特別乾燥，戴隱形眼鏡在機上其實是很辛苦的，
眼睛超乾。

長相

空服員是不是都要長的美又瘦？其實依這幾年在航空業的經驗，我認
為長相乾淨順眼就好，現代人大多化妝技巧都很不錯，平常多練習，
找到適合自己的妝容去面試就贏一半了。還有人問過我髮型的問題，
其實不管長短髮都可以，長髮記得平時多看我的影片練習包頭，面試
的時候看起來乾淨整潔就好，但記住第一印象很重要，微笑是最好的
化妝品。

相關科系畢業

我個人覺得其實真的不需要，航空業裡面很多來自各個領域的人才，
很多同事是數學系、音樂系、法律系、中文系，外文系的當然也很多，
所以大學唸的科系其實沒有太多限制，但如果有服務業相關的工作經
驗也是很不錯的。

外語能力

多益成績達到 550 以上，當然愈高愈好，平常會遇到來自世界各地的旅客，英文是最常用的語言，就算在國籍的航空公司裡工作，平常也會和外籍組員或外站的地勤溝通，英文是非常重要的能力，更別說外籍航空公司，英文是非常基本又實用的工具。如果你有日語或是韓語等等其他外語能力當然也是非常加分的喔！這個部分是大家都可以多多努力的。

心理素質

我認為空服員是需要獨立自主性格的人才有辦法做的長久的職業，飛出去時，經常跟完全不認識的組員一起，有時候在外站更要自己一人獨自行動。如果是在外籍航空公司，基地甚至不設在台灣，需要長住在國外，在人格特質上是需要非常耐得住寂寞。另外，這個工作需要大量與不認識的人互動，性格活潑大方比起害羞內向的人會比較適合這個工作。

上網多爬文查資料

網路上的資源很開放，很多人分享面試資訊或是經驗，還有很多考古題可以參考，google 一下都很容易取得，也可以參考我的部落格所寫過的相關資訊，這樣在面試之前可以有心理準備，或是找幾個志同道合的人一起組成讀書會，大家一起練習，去面試也不會這麼緊張。

了解各家航空公司的文化

先在網路上做好功課，了解國籍和外籍各家航空公司不同的背景，針對它們喜歡的空服員樣子對症下藥去調整面試的狀態，這是非常重要的喔！

維持身體健康

不管有沒有考上，身體健康都是最重要的一點，尤其是當你已經考上空服員這個職業以後，長時間面臨顛倒的時差、早班接晚班又接早班，很常休息不足，其實是對身體很大的負擔，一開始還沒進入這個行業以前就要先準備好一個新鮮的肝，才有本錢慢慢燃燒。

十足的耐性

一種米養百樣人，在我還沒進入航空業以前，我從來不知道這世界上有這麼多無理取鬧的旅客，認為買了張機票就可以上飛機予取予求。一般人搭機的機率較少，很難想像在空中會發生這麼多稀奇古怪的事情，當了空服員算是大開眼界了，但身著制服，當一天和尚敲一天鐘，自己的情緒是不允許表現出來的。

最關鍵的一關 ── 面試

來的。有了以上十點的充分準備，接下來就是面試了，面試那天我給大家的建議就是放輕鬆，微笑就對了，得失心不要太重，當作是一個面試經驗也好，相信

各方面內外在的能力都充實了，得到入場券的機會是很大的，祝福大家都能得到翅膀一起飛翔。

書面資料，寫重點就好

很多人問我書面資料如何準備，老實說我沒準備太久，除了必備的中、英文自傳，自己寫完後請長輩幫我潤一潤、改改錯字就上傳了，我一直覺得考官要在初審看這麼多人的文字，這麼多份自傳，實在不用太冗長，也沒人想知道你家裡人有幾位、祖籍哪裡之類的瑣事，所以我自傳的重點只放在和這個工作相關的經歷還有我的人格特質。

考官是活人，面試無從準備

書面審查過了以後，再來就是準備面試了，我上網看了很多資料，有些前輩分享的面試心得還有一些考古題，我個人覺得考官也是活生生的人，面試是很活的東西，考古題頂多只能讓你心裡有個底，不可能每次都問一樣的問題，加上空服員這職業是個需要大量與人互動的工作，其實面試的內容除了從你回答的內容了解你的人格特質以外，還有就是考官和你的對話是不是一個舒服愉快的對話經驗，我個人覺得這個很重要，你不需要把答案回答的漂亮又官腔，但需要讓考官對你留下一個好的印象。記得我那年的面試，初試在一個小房間，一進去就是六個人左右，你面對的就是七八位考官，每個人都只分配到幾分鐘，進去簡短自我介紹加上朗誦手上分發的一小段文字，如果考官

對你有興趣，就再多問你幾個問題，
當然是從你的自傳裡面挑出他有興趣的問題，
當年英文口試我被問到的問題是：你大四這年最有趣的
一件事？這個真的是完全沒有辦法預測的考題，而且整個面試
過程其實短短幾分鐘而已，所以從開門一進去的第一印象開始到你一
開口說話的口條，其實就差不多可以決定這個人要不要留了。

妝容要適合自己

當然說到第一印象，外表就有點重要了，不要花俏搞怪，就是中規中
矩的套裝就好了，如果你外表天生麗質，那麼恭喜你，那是老天爺給
你的優勢，很棒！但是如果外表不是這麼出色也沒關係，因為化妝術
很厲害，現在網路上都有很多資源，好好學習畫出適合自己的妝容，
就不會輸天生美女太多，依照我個人經驗考試妝最好是畫得比平常更
有存在感一些，例如平常的日系裸妝就不大適合，最好是端端正正把
你的五官優點畫出來，還要考量到考官都是比較年長的人，他們喜歡
的妝容絕對跟我們年輕人愛的不一樣，想想當時我的面試妝大概就是
新娘妝這麼濃艷，走在路上我都覺得突兀啊！但是考官很愛啊！

真誠最重要

以前面試還有規定身高，現在都改成摸高幾公分這樣的門檻了，尤其
有些機型行李櫃真的超級高，要掂腳關一個滿是行李的行李櫃實在是
很吃力，而且一不小心很容易受傷，想想平常自己搬一個登機箱都已

165

經很吃力了，關行李櫃通常是要負重 3 ～ 4 個左右登機箱，所以想當空服員的女孩兒還是練強壯點好。

說真的我在準備考試這段路算是非常幸運的，我考過國內兩家航空公司，記得那天其中一家的面試，碰上高速公路大塞車，家人開車奔馳，就為了讓我趕上面試，到了大廳我奔進電梯，超狼狽，妝也花了頭髮也亂了，遇到一位女士跟我同電梯，問我是不是要面試？我說對，他不發一語微笑了一下，出了電梯我到面試地點發現人山人海的套裝包頭女孩，但因為時間已經晚了，報到櫃檯其實已經收了，我奔到旁邊問穿制服的姐姐我該怎麼辦？好心的姐立刻幫我辦了手續，我還是順利參加了面試，輪到我的時候超喘！在大禮堂的講台上唸了一段廣播詞以後，就分批帶到其他樓層等待小房間面試了。

記得那時面試小房間一次也是大概 5 人一起進去，一人領一張小紙條，裡面有中英文廣播詞，還有台語！我實在太吃驚，因為我根本不會講台語，推開門一進去，坐中間那位竟然就是跟我一起同電梯的女士！！天啊！我想說慘了……輪到我念台語廣播詞的時候完全淒慘，我自己還笑場，硬著頭皮念完，最後 5 人一起到隔壁小房間等待考試結果，等待的過程其實我沒什麼緊張的感覺，因為我打從心底覺得我就是來累積面試經驗的。一起考試的女孩還安慰我說：不會台語沒關係啦！你適合另家航空公司，結果幾分鐘後考試結果公布，竟然只有我過了初試，其他

人都成了遺珠。這經驗告訴我們，考試真的不需要官方制式的漂亮應對，你只需要真誠，而且遇到困難時，也是你展現應變力的時候，不立刻放棄，把它好好做完就是了。

不管錄取無否，都要平常心

在這邊想跟所有讀者說，如果你也參加過空服員考試，但是沒有順利錄取，請平常心面對，因為沒考上也不代表對你個人的否定，你一樣還是很棒，只是有可能代表你考運不好而已，或是你的人格特質並不是這個工作需要的，更有可能因為考官也是人，你只是沒有他的眼緣而已，更不要說還有一些牽涉到社會黑暗面種種特權，什麼背景厲害的就更不用說了，完全不誇張。曾遇過一個空服員英文完全無法應對，也就這樣跟我們一起進了公司，所以就算沒考上也不用過度難過或是否定自己，它就只是一個職業的面試而已，當作求職人生的歷練，因為這工作真的沒有你想像的粉紅泡泡，我們就跟所有勞工一樣，在資本主義下的企業工作，一樣每天發生你畢生沒想過的瞠目結舌又離譜的事情，沒考上真的也沒關係，如果你真的很喜歡這個工作，大不了再充實自己的實力，下次招考再試一次，老天爺關上一扇窗會給你打開另一扇大門。

就像我常說，要是當初畢業考研究所，要是沒有差那 0.016 分，我現在可能是學者也不一定，但老天爺可能早看穿我不適合走學術路線，早就安排適合的路了。

作　　者　Zoe 王小凡
攝　　影　楊志雄
編　　輯　林憶欣、徐詩淵
校　　對　林憶欣、鍾宜芳、王小凡
美術設計　劉旻旻

發 行 人　程顯灝
總 編 輯　呂增娣
主　　編　徐詩淵
編　　輯　林憶欣、黃莛勻、鍾宜芳
美術主編　劉錦堂
美術編輯　吳靖玟
行銷總監　呂增慧
資深行銷　謝儀方、吳孟蓉

發 行 部　侯莉莉
財 務 部　許麗娟、陳美齡
印 務　　許丁財
出 版 者　四塊玉文創有限公司

總 代 理　三友圖書有限公司
地　　址　106 台北市安和路 2 段 213 號 4 樓
電　　話　(02) 2377-4155
傳　　真　(02) 2377-4355
E － mail　service@sanyau.com.tw
郵政劃撥　05844889 三友圖書有限公司

總 經 銷　大和書報圖書股份有限公司
地　　址　新北市新莊區五工五路 2 號
電　　話　(02) 8990-2588
傳　　真　(02) 2299-7900

製版印刷　卡樂彩色製版印刷有限公司

初　　版　2019 年 04 月
定　　價　新台幣 320 元
I S B N　978-957-8587-60-1（平裝）

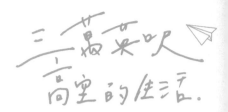

一名空姐的流水帳日記

作者提供照片
P.18、P.23、P.24、P.39、P.55、P.60、
P.63、P.72、P.81、P.84、P.88、P.93、
P.100、P.110、P.115、P.118、P.121、
P.122、P.127、P.135、P.137、P.155、
P.157

三友圖書
友直 友諒 友多聞

國家圖書館出版品預行編目 (CIP) 資料

三萬英呎的高空生活：一名空姐的流
水帳日記 / 王小凡作 . -- 初版 . -- 臺北
市：四塊玉文創 , 2019.03
　面；　公分
ISBN 978-957-8587-60-1(平裝)

1. 航空勤務員 2. 文集

557.948　　　　　　　　108001788

香氛世家 Grace Cole | 英式香氛保養 | 探索妳的專屬香調

Grace Cole香氛世界與經典系列商品，我們與英國百年香水廠開發獨家香調

以依照不同的季節和喜好選擇您專屬的香調

www.gracecole.com.tw　(02)2577-0155

地址： 　　　縣/市　　　鄉/鎮/市/區　　　路/街
　　　段　　巷　　弄　　號　　樓

廣 告 回 函
台北郵局登記證
台北廣字第2780號

三友圖書有限公司 收
SANYAU PUBLISHING CO., LTD.

106　台北市安和路2段213號4樓

SAN YAU
三友圖書
讀書俱樂部

「填妥本回函，寄回本社」，
即可免費獲得好好刊。

▼

\ 粉絲招募歡迎加入 /

臉書／痞客邦搜尋
「四塊玉文創／橘子文化／食為天文創
三友圖書——微胖男女編輯社」
加入將優先得到出版社提供的相關
優惠、新書活動等好康訊息。

四塊玉文創✕橘子文化✕食為天文創✕旗林文化
http://www.ju-zi.com.tw
https://www.facebook.com/comehomelife

親愛的讀者:

感謝您購買《三萬英呎高空的生活:一名空姐的流水帳日記》一書,為感謝您對本書的支持與愛護,只要填妥本回函,並寄回本社,即可成為三友圖書會員,將定期提供新書資訊及各種優惠給您。

姓名 _____ 出生年月日 _____

電話 _____ E-mail _____

通訊地址 _____

臉書帳號 _____

部落格名稱 _____

1 年齡
□ 18 歲以下　　□ 19 歲～ 25 歲　　□ 26 歲～ 35 歲　　□ 36 歲～ 45 歲　　□ 46 歲～ 55 歲
□ 56 歲～ 65 歲　　□ 66 歲～ 75 歲　　□ 76 歲～ 85 歲　　□ 86 歲以上

2 職業
□軍公教　□工　□商　□自由業　□服務業　□農林漁牧業　□家管　□學生
□其他 _____

3 您從何處購得本書?
□博客來　□金石堂網書　□讀冊　□誠品網書　□其他 _____
□實體書店

4 您從何處得知本書?
□博客來　□金石堂網書　□讀冊　□誠品網書　□其他 _____
□實體書店 _____ □FB(四塊玉文創/橘子文化/食為天文創 三友圖書——微胖男女編輯社)
□好好刊(雙月刊)　□朋友推薦　□廣播媒體

5 您購買本書的因素有哪些?(可複選)
□作者　□內容　□圖片　□版面編排　□其他 _____

6 您覺得本書的封面設計如何?
□非常滿意　□滿意　□普通　□很差　□其他 _____

7 非常感謝您購買此書,您還對哪些主題有興趣?(可複選)
□中西食譜　□點心烘焙　□飲品類　□旅遊　□養生保健　□瘦身美妝　□手作　□寵物
□商業理財　□心靈療癒　□小說　□其他 _____

8 您每個月的購書預算為多少金額?
□ 1,000 元以下　　□ 1,001 ～ 2,000 元　　□ 2,001 ～ 3,000 元　　□ 3,001 ～ 4,000 元
□ 4,001 ～ 5,000 元　　□ 5,001 元以上

9 若出版的書籍搭配贈品活動,您比較喜歡哪一類型的贈品?(可選 2 種)
□食品調味類　□鍋具類　□家電用品類　□書籍類　□生活用品類　□DIY 手作類
□交通票券類　□展演活動票券類　□其他 _____

10 您認為本書尚需改進之處?以及對我們的意見?
_____

感謝您的填寫,

您寶貴的建議是我們進步的動力!

Spread your wings and fly

Spread your wings and fly